Vergesst Soft Skills!

Den nüchternen Denkern gehört die Zukunft

Karsten Weihe

karweihe@gmail.com

„Der Zusammenhang zwischen der besten Rede und dem besten Vorschlag ... ist gleich null."
Zitiert aus „Die Kraft der Stillen":
http://www.spiegel.de/spiegel/print/d-87818628.html

Herstellung und Verlag:
BoD - Books on Demand, Norderstedt
ISBN 978-3-7322-3356-4

Worum geht es überhaupt?

Skill = Fähigkeit, Fertigkeit, Kompetenz

1. Soft Skills vergessen!?

Nein, vergessen Sie bitte nicht Ihre Soft Skills!

Aber vergessen Sie den ganzen Rummel, der darum gemacht wird. Glauben Sie nicht unbesehen, dass das Thema Soft Skills immer wichtiger wird:

Schon seit Jahrzehnten wurden und werden Jobs, die stark soft-skill-lastig sind, in Millionenzahl *abgebaut*!

Ein steiler Satz. In Abschnitt 5-12 werde ich ihn aber umfassend begründen.

Vor allem glauben Sie aber eines nicht unbesehen: dass teure Seminare und Ratgeberbücher Ihnen irgendwie helfen, in Berufs- und Privatleben mitzuhalten. Auch wenn Soft Skills natürlich weiterhin wichtig sein werden, ist sehr fraglich, ob das teure Geld und die kostbare Zeit für Fortbildungen wirklich gut angelegt sind. In diesem Büchlein möchte ich aufzeigen, dass Soft Skills wahrscheinlich eher *nicht* das Megathema des 21. Jahrhunderts sein werden:

Die immer mehr aus dem Blickfeld verdrängten *Hard* Skills werden immer wichtiger, nicht nur im Beruf, auch im privaten Bereich, werden aber durch den Soft-Skill-Rummel zunehmend aus dem allgemeinen Bewusstsein verdrängt. Dabei haben die weit ver-

breiteten Defizite an Hard Skills weit schlimmere Folgen.

Was meint der letzte Satz, um welche schlimmen Folgen geht es? Nun, egal ob im Beruf oder im Privatleben: Wer bei einer großen, teuren Anschaffung oder bei einer anderen gewichtigen Entscheidung nicht furchtbar über's Ohr gehauen werden will, muss sich richtig harte Hard Skills aneignen. Das umfasst finanzmathematische Kompetenz, juristische Kompetenz sowie wissenschaftliche Hintergrundkompetenz aus dem fachlichen Umfeld der Entscheidung. Viele Beispiele aus verschiedensten Bereichen sehen Sie dazu gleich in Abschnitt 4, unter der Überschrift: „Welche schlimmen Konsequenzen haben die flächendeckend verbreiteten Defizite an *Hard* Skills?"

Die Rückkehr der Hard Skills ist eine frohe Botschaft – für alle, die eher zurückhaltend und ruhig sind, immer lange und gründlich nachdenken und dabei auch die mathematisch-logischen Fallstricke erkennen und durchschauen. Und die dann mit ihren gut durchdachten, aber spät und leise vorgetragenen Ansichten nicht durchdringen, weil die selbstbewussten Kommunikatoren die Diskussion schon für sich entschieden haben. Für die selbstbewussten Kommunikatoren selbst und für diejenigen, die uns in ihren Seminaren oder durch Lektüre ihrer Bestseller zu solchen machen wollen, ist dies natürlich keine ganz so frohe Botschaft.

Ja, ich weiß, dieses Büchlein ist etwas einseitig geschrieben. Das muss auch so sein, denn Soft Skills sind ein allseits beliebtes Trendthema und eine Industrie mit Umsätzen im hohen Millionenbereich. Daher muss man schon deutliche Worte verwenden, um das unhinterfragt positive Bild zu erschüttern und zum Selbstdenken anzuregen.

Selbstdenken – das wichtigste *Hard* Skill überhaupt.

Wo Hard Skills beherrscht werden, mögen Soft Skills zwar immer noch wichtig sein, aber eben nicht mehr so wichtig, wie uns eingeredet wird:

Soft Skills sind großenteils notwendig, um Mängel an _Hard_ Skills zu kompensieren. Wo _Hard_ Skills ausreichend zum Tragen kommen, sind _Soft_ Skills daher entsprechend weniger wichtig.

An verschiedenen Stellen in diesem Büchlein werde ich mehr dazu sagen. Damit dieser Merksatz hier am Anfang des Büchleins nicht völlig unverständlich bleibt, erläutere ich ihn kurz an einem illustrativen Szenario aus der Berufswelt: Wenn der Projektleiter es geschafft hat, die Gesamtprojektaufgabe scharfkantig in Teilaufgaben niederzubrechen, so dass die Teilaufgaben mit einer realistischen Zeitplanung auf die Projektmitarbeiter verteilt werden können, und wenn die Schnittstellen zwischen den Teilaufgaben klein und überschaubar und präzise formuliert sind und daher jeder Projektmitarbeiter weitgehend unabhängig von den anderen vor sich hin arbeiten kann und genau weiß, was er dabei zu tun hat – dann sind die wesentlichen Gründe dafür, mit Soft Skills den Projekterfolg zu sichern, schon entfallen. Schafft der Projektleiter dies allerdings _nicht_, ist fraglich, ob Soft Skills noch viel helfen können, das Projekt vorm Scheitern zu bewahren.

2. Vorbemerkungen zu diesem Büchlein

Ich bitte Sie, den Leser und die Leserin, vorab um Entschuldigung und Nachsicht für die wilde Mischung aus Deutsch und Englisch. Ich könnte natürlich durchgängig von weichen und harten Kompetenzen anstelle von Soft und Hard Skills sprechen und auch alles andere eindeutschen. Aber die Begriffe sind nun einmal, wie sie sind. Und wenn ich einfaches Deutsch anstelle von „denglischem" Manager-Neusprech verwende, gehen auch die ganzen damit verbundenen Bedeutungsnuancen verloren, und das wäre schade.

Noch eine technische Vorbemerkung: Ich habe versucht, für möglichst alle Aussagen Verweise zum Weiterlesen anzugeben. Wie allgemein üblich, sind diese Verweise im Text durch eine hochgesetzte Nummer angezeigt, die eigentlichen Verweise finden Sie dann ganz hinten am Ende dieses Büchleins aufgelistet. Wo immer möglich, habe ich auf einfach zu verstehende, populär gehaltene Einstiege in die jeweilige Thematik verwiesen, die im Internet frei verfügbar sind. Selbstverständlich verweise ich nur auf Quellen, die voraussichtlich dauerhaft an derselben Adresse zu finden sein werden (genauer: an derselben URL). Die meisten dieser Quellen sind nicht selbst fachliche Autoritäten, sondern eben populär und verständlich gehaltene Aufarbeitungen. Aber ich habe mich bei jeder Quelle selbst davon überzeugt, dass ausreichend fachliche Autorität hinter den Behauptungen steht.

Wichtige Hinweise für Ihren effektiven Zugriff auf die zitierte Lektüre

In vielen Quellenverweisen sind Internetadressen (URLs) eingegeben. Sie können diese Internetadressen natürlich Buchstabe für Buchstabe eingeben, um die entsprechende Seite aufzurufen. Aber das ist mühsam und fehleranfällig. Ziel führender wäre es, einzelne Stichwörter oder Bestandteile der Internetadressen in eine Suchfunktion einzugeben:

- Bei Wikipedia-Artikeln: Gehen Sie auf die deutsche Startseite de.wikipedia.org beziehungsweise bei englischen Artikeln auf die englische Startseite en.wikipedia.org (sollten beide sowieso zu Ihren Lesezeichen gehören). Geben Sie dort die Schlüsselwörter aus der Internetadresse in die Suchmaske ein.

  Beispiel: Im Verweis Nr. 119 ist die Internetadresse http://de.wikipedia.org/wiki/Max_Planck eingegeben. Geben Sie auf der deutschsprachigen Startseite einfach „Max" und „Planck" durch Leerzeichen getrennt in die Suchmaske ein.

- Bei Zeitungen und Zeitschriften gehen Sie auf die Seite der Zeitung oder Zeitschrift und geben dort ein paar aussagekräftige Bestandteile der Internetadresse in die Suchmaske ein.

  Beispiel: Im Verweis Nr. 6 wird auf http://www.sueddeutsche.de/digital/neue-instagram-nutzungsbedingungen-empoerung-ist-gut-erkenntnis-ist-besser-1.1554427 verwiesen. Gehen Sie auf www.sueddeutsche.de und geben Sie „instagram" und „empoerung" ein.

- Bei anderen Internetadressen nutzen Sie Ihre favorisierte Suchmaschine.

  Beispiel: In Verweis Nr. 98 wird auf die Internetadresse http://www.ispi.org/archives/resources/effectivenessoftrainingarthur_etal.pdf verwiesen. Geben Sie beispielsweise einfach „effectivenessoftrainingarthur" in Ihre Suchmaschine ein. Alternativ könnten Sie auch die Nachnamen einiger Autoren und Stichworte aus dem Titel der Studie eingeben, etwa „arthur bennett meta-analysis". In jedem Fall finden Sie die notwendigen Informationen im Haupttext oder im jeweiligen Verweis, in diesem Fall also in Verweis Nr. 98.

3. Was sind denn *Soft Skills* eigentlich genau?

Bevor wir in die Diskussion einsteigen, müssen wir erst einmal klären, was wir gemeinsam überhaupt unter Soft Skills verstehen wollen. Der Begriff ist schillernd und wird von verschiedenen Autoren recht unterschiedlich verwendet. Der wissenschaftliche Bereich ist auch nicht zwangsläufig besser:

„Schließlich leiden alle vorliegenden Untersuchungen an einer mangelnden konzeptionellen Transparenz und unzureichenden theoretischen Fundierung dessen, was als Persönlichkeitseigenschaften, Soft Skills oder dergleichen bezeichnet wird."[1]

In Abschnitt 21 im Anhang habe ich für eine Auswahl renommierter und erfolgreich verkaufter Ratgeberbücher sowie für weitere handverlesene Quellen einmal analysiert, wie Soft Skills dort jeweils definiert sind. Wie zu erwarten, gibt es keinen tragfähigen gemeinsamen Nenner. Also müssen wir uns eine überzeugende Definition von Soft Skills erst einmal selbst basteln. Das machen wir nun in diesem Abschnitt.

Wahrscheinlich stellen sich alle Menschen ungefähr dasselbe vor, wenn sie die englischen Worte *soft* und *hard* beziehungsweise die deutschen Worte *weich* und *hart* hören. Und wenn man diverse Ratgeberbücher liest, kann man durchaus auf den Gedanken kommen, dass auch deren Autoren ihre eigenen Definitionen von Soft Skills gar nicht konsequent anwenden, sondern das Wort *soft* dann doch eher im landläufigen Sinne verwenden. Damit verlieren nicht nur die Autoren selbst aus dem Blickfeld, dass die diversen Kompetenzen neben *weichen* auch *harte* Seiten haben, sondern auch die Leserin und der Leser machen sich meist nicht klar, dass Kommunikation, Konfliktvermeidung usw. extrem wichtige *harte* Seiten haben. Diese wichtigen *harten* Seiten fallen dann unter den Tisch.

In diesem Büchlein möchte ich die Definition von Soft und Hard Skills auf die landläufige Vorstellung von *soft* und *hard* gründen – so wie wohl jeder Leser Soft und Hard Skills erst einmal verstehen würde und wie sie häufig sogar von Soft-Skill-Autoren entgegen der selbst eingeführten Definition verwendet werden.

Mehr zu den Definitionen anderer Autoren wie gesagt im Anhang, Abschnitt 21.

Gemäß diesem Merksatz lassen sich Hard und Soft Skills gut gemeinsam durch Gegensatzpaare definieren:

Hard Skill ⇔ Soft Skill

Nüchterne Überlegung ⇔ Emotion

Logik ⇔ Intuition

Präzision ⇔ Freiraum für Interpretation

Distanzierte, analytische ⇔ Begeisterungsfähigkeit
Kritik

Bedächtige Sorgfalt ⇔ Spontaneität

Selbstständig ein eigenes ⇔ Bei gemeinsamer Meinungs-
Urteil fällen   bildung mitmachen

Disziplin ⇔ Motivation

Machen Sie sich die Konsequenz klar:

Soft Skills führen zu Entscheidungen, wie sie nie und nimmer treffen würde, wer mit nüchterner Überlegung, Logik, Präzision, distanzierter, analytischer Kritik und bedächtiger Sorgfalt selbstständig ein eigenes Urteil fällt.

Lassen Sie diesen Merksatz für einen Moment auf sich wirken, bevor Sie weiterlesen.

Wie schon gesagt, werden Soft Skills von den verschiedenen Autoren unterschiedlich definiert. Dabei werden drei Aspekte gerne vereinnahmt, die bei nüchterner Betrachtung nicht ernsthaft exklusiv den Soft Skills zugerechnet werden können: allgemeine Kompetenzen (*General Skills*), offene Kompetenzen (*Open Skills*) und innere Einstellung. Im Anhang, in den Abschnitten 18-20 werde ich diese Begriffe sorgfältig vom Begriff Soft Skills unterscheiden und in Abschnitt 21 dann die Verwendung des Begriffs Soft Skills in ausgewählten Quellen auf dieser Basis analysieren. Im folgenden Abschnitt 4 geht es jetzt weiter mit der wohl dramatischsten Konsequenz daraus, dass die Notwendigkeit von Hard Skills immer stärker zugunsten des Soft-Skill-Rummels aus dem allgemeinen Bewusstsein verdrängt wird.

4. Welche schlimmen Konsequenzen haben die flächendeckend verbreiteten Defizite an *Hard* Skills?

„In Mathe war ich schon immer schlecht" – Sie kennen diesen Spruch, wahlweise auch mit Physik, Technik, Jura oder Ökonomie.

Hier nur eine kleine, aber hoffentlich eindrückliche Auswahl von Konsequenzen, die selbst unter Akademikern weit verbreitet sind.

Finanzen

Was hilft es, mit tollen Soft Skills im Beruf vorwärtszukommen – und dann stecken Sie Ihr Geld in eine Rentenversicherung, von der Sie mit guten *Hard Skills* vorher hätten wissen können, dass die Rendite am Ende indiskutabel oder sogar negativ wird, weil Ihr Geld durch Gebühren und Provisionen kräftig angeknabbert wird. Ganz zu schweigen von der Umrechnung der angesparten Summe in eine Monatsrente auf Basis einer kreativ gestalteten Sterbetabelle.

Sie meinen, das betrifft nur wenige oder ist Schnee von gestern? Keineswegs:

Millionen Deutsche haben in der letzten Jahren schon sehr böse Überraschungen am Zahltag erlebt, noch viele Millionen werden in den nächsten Jahrzehnten folgen![2]

Wer seine mühsam zusammengesammelten Ersparnisse nicht großenteils einem Finanzanbieter schenken will, muss unbedingt in der Lage sein, selbst zu rechnen und vor allem sich klarzumachen, was eigentlich die relevanten mathematischen Informationen sind. Der nette Finanzberater wird Ihnen mit großer Wahrscheinlichkeit in erster Linie die Kennzahlen und Charts zeigen, mit denen das angebotene Finanzprodukt besonders gut aussieht. Die Kennzahlen und Charts, die Ihnen eine kompetente Einschätzung des Angebots ermöglichen, sind vermutlich aber ganz andere. Nur wer von sich aus die richtigen Fragen stellt, erhält die richtigen Antworten. Um die richtigen Fragen zu stellen, ist allerdings vertieftes Verständnis nötig – gar nicht unbedingt Fachwissen, sondern vor allem ein mathematisch-logisches Grundverständnis, auf dessen Basis man das notwendigen Fachwissen nicht nur eigenständig recherchieren, sondern auch verstehen und anwenden kann.

Im SPIEGEL-Interview „Die Angst vorm schwarzen Schwan" bringt Greg Smith, Aussteiger bei Goldman Sachs, die Sache gut auf den Punkt: „Die letzte Kategorie [von Kunden] haben wir ‚Clients who don´t know how to ask the right questions' genannt. Sehr gutgläubig, jene, denen exotische Papiere verkauft werden."[3] Frei, aber korrekt übersetzt bedeutet das englische Zitat: „Kunden, die nicht wissen, welche Fragen sie besser hätten stellen sollten".

Stellvertretend für viele andere Beispiele will ich ein Beispiel betrachten, das in den letzten Jahren millionenfach durchexerziert wurde. Wer sich auf ein Gespräch mit einem Finanzverkäufer über Riester-Rente einlässt, wird ungefragt umfassende Antworten erhalten zu einer bestimmten Frage: Wie viel kann ich an Steuern sparen und an staatlichen Zulagen kassieren, wenn ich einen Vertrag abschließe. Steuern sparen ist ein gutes Verkaufsargument, denn das Thema weckt bei den meisten Menschen Emotionen. Die Aussicht auf Zulagen – also Geschenke – stimmt ebenfalls sehr positiv. Und den Staat zockt man doch gerne ab. Diese Steuergeschenke sind das zentrale Werbeargument und waren für Millionen Menschen auch der Hauptgrund, eine Riester-Rente abzuschließen, anstatt ihr Geld anders anzulegen. *Aber*:

Wie viel man vom Staat erhält, ist *nicht* die richtige Frage! Im Grunde ist das sogar eine völlig falsche, weil irrelevante und irreführende Frage!

Entscheidend ist einzig und allein, wie viel unterm Strich herauskommt, und ob das mehr oder weniger ist als bei anderen, ähnlich konservativen Anlagestrategien. Wer diese Frage nicht stellt, sondern sich durch Steuergeschenke begeistern lässt, darf sich nicht wundern, wenn diese schönen Steuergeschenke großenteils im undurchschaubaren Wust aus Gebühren, kreativ gestalteten Sterbetabellen usw. versickern – und am Ende beim Finanzanbieter landen und nicht bei Ihnen.

Das ist natürlich bei weitem nicht das einzige Beispiel für Versuche von Anbietern, Sie von der Frage abzulenken, was unterm Strich für Sie herauskommt. Jedes Werbegeschenk ist von dieser Sorte. Oder auch die zuweilen erstaunlich hohen Angebote für die Inzahlungnahme Ihres alten Autos, wenn Sie ein neues Auto kaufen. Nüchtern betrachtet, ist das einfach ein Preisnachlass. Aber wenn ein Preisnachlass so hübsch in einem solchen Angebot verpackt wird, scheint die Verlockung stark genug zu sein, dass viele Kaufinteressenten die Alternativen nicht mehr abwägen.

Natürlich sind diese Einsichten übertragbar auf jede Art von Angebot von Produkten oder Dienstleistungen, bei weitem nicht nur im Finanzbereich. Man muss die fachlich richtigen Fragen, aber auch die juristisch und mathematisch richtigen Fragen stellen können. Und dazu braucht man eben fachliches bzw. spezifisches juristisches und mathematisches Hintergrundverständnis, mit dem man sich das notwendige Wissen im Internet schnell, effizient und kritisch aneignen kann – aber leider auch aneignen *muss*.

Einkaufen

Wer sich nicht überteuert und zudem ungesund ernähren will mit Lebensmitteln, die fälschlich als besonders gesund beworben werden und dementsprechend teuer verkauft werden, muss bereit und fähig sein, Zutatenlisten kompetent zu lesen und auch selbst weitere Hintergrundinformationen zu recherchieren, notfalls auch wissenschaftliche Fachliteratur zu lesen. Und er muss diese medizinisch-naturwissenschaftlichen Informationen dann natürlich auch verstehen, einordnen und sachlich fundiert bewerten können. Denn die Hersteller haben bekanntlich wenig Interesse daran, Ihnen wirklich faire und verständliche Informationen zu geben, die Ihnen eine kritische Kaufentscheidung ermöglichen. Informiert wird nur soweit, wie es die Gesetzeslage unbedingt verlangt. Aber die Gesetzeslage erlaubt mehr als genug Schleichwege, die guten Absichten des Gesetzgebers zu umgehen und dem Konsumenten falsche Botschaften zu vermitteln. Das geschieht entweder auf der emotionalen Schiene oder mit vorgespielter Sachlichkeit, beispielsweise mit vertrauenserweckenden Leuten in weißen Kitteln oder mit der Erwähnung wissenschaftlicher Studien, die bei Licht betrachtet eigentlich keine rechte Aussagekraft haben.

Wer nicht beim Einkaufen immer wieder viel mehr Geld ausgeben will, als er eigentlich wollte und als gerechtfertigt wäre; wer nicht völlig überteuerte technische Geräte kaufen will, die er eigentlich gar nicht wollte und auch gar nicht braucht; wer die richtige Geldanlage nach den eigenen Bedürfnissen und nicht nach denen des Beraters wählen will; wer ein vertretbares Preis-/Leistungsverhältnis haben und nicht auf raffinierte Lockvogelwerbung hereinfallen will – der muss die raffinierten psychologischen Tricks der Anbieter[4] kennen und durchschauen. Und er muss sie auch noch – gegen den gut geschulten Widerstand des Beraters – durch disziplinierte Konzentration auf die wirklich relevanten, also technischen, juristischen und mathematischen Fakten durchkreuzen können.

Verträge

Wer bei Strom-, Heizungs-, Wasser-, Telefon- und Mobilfunkvertrag sowie bei Versicherungen aller Art nicht ein miserables Preis-/Leistungsverhältnis herausbekommen oder andere unliebsame Überraschungen erleben möchte, muss den jeweiligen Tarifdschungel gut durchschauen. Und vor allem muss er „Schnäppchen" durchschauen, die in Wirklichkeit gar keine Schnäppchen, sondern bei Licht betrachtet manchmal sogar richtig teuer sind.[5]

Wer nicht bei Vertragsabschlüssen aller Art böse hereinfallen will, muss umfassende juristische Kenntnisse beziehungsweise die Fähigkeit besitzen, sich schnell in juristische Sachverhalte einzuarbeiten. Es reicht nicht wirklich, den Vertrag von einem Juristen gegenprüfen zu lassen, denn Ihr Anwalt kann zwar die juristische Seite genau prüfen. Aber ob der Vertrag tatsächlich genau das enthält, was Sie tatsächlich wollen, und welche potentiellen Konsequenzen aus dem Vertrag für Sie wichtig sind, das wissen Sie allein. Der Jurist kann ja nicht Gedanken lesen. Und nur ein sehr erfahrener Jurist, der es zudem schafft, die Welt durch Ihre Brille zu sehen, wird wirklich auf Sie eingehen können. Wenn Sie nicht hundertprozentig sicher sind, dass Ihr Jurist so außergewöhnlich fähig ist, sollten Sie also besser hart daran arbeiten, ihm und Ihrem Vertragspartner möglichst auf Augenhöhe zu begegnen. Und für jeden solchen Fall gleich einen Anwalt zu bemühen, wird schon arg teuer, also ist doch Ihr eigenes juristisches Verständnis gefragt.

Wer sich im Internet nur einmal ein bisschen umschaut, muss penibel aufpassen, dass er nicht aus Versehen irgendetwas tut oder unterlässt, so dass dieses Tun oder Unterlassen von einem Gericht später im Streitfall als Vertragsabschluss gewertet wird. Sie kennen diese Knöpfe, die schnell ´mal gedrückt sind, ohne dass man sich klargemacht hat, dass man damit einem Vertragsabschluss zugestimmt hat. Kontinuierliche Umsicht beim Surfen, gepaart mit juristischem Grundverständnis und der Fähigkeit zum präzisen Erfassen der Fallstricke in harmlos erscheinenden Texten, das spart einfach Geld und Nerven.

Selbst Allgemeine Geschäftsbedingungen (AGBs), die eigentlich keine überraschenden Klauseln enthalten dürfen, sind doch für Überraschungen gut, vor allem im Internet, aber nicht nur dort.[6] Daher ist selbst das schnelle Lesen von AGBs und die präzise Erfassung der juristischen Konsequenzen eine nicht ganz unwichtige Kompetenz.

Schneller, als man denkt, hat man dann doch einen Rechtsstreit am Hals mit einem größeren Unternehmen, das sich eine eigene Rechtsabteilung leisten kann. Das kann beispielsweise Ihr Telefonanbieter sein oder auch ein Handwerksbetrieb. Auch Ihr Vermieter ist vielleicht kein Privatmensch, sondern eine Gesellschaft mit hauseigenen Juristen. Alle diese Firmen wissen, dass weit über neunzig Prozent ihrer Kunden naiv und unbedarft sind und sich schnell einschüchtern lassen. Wenn Sie sich nun etwa weigern, eine Rechnung zu bezahlen, und sich daraufhin die Rechtsabteilung oder ein Inkassounternehmen mäßig freundlich bei Ihnen meldet, dann müssen Sie nicht nur gute Nerven haben, sondern sich sehr gut in den Fallstricken der nun ablaufenden juristischen Prozeduren auskennen. Natürlich können Sie auch einen Rechtsanwalt beauftragen, aber den müssten Sie natürlich auch bezahlen und – was noch wichtiger ist – Sie müssten dann auch darauf vertrauen, dass dieser Rechtsanwalt sein Handwerk wirklich versteht, was leider alles andere als selbstverständlich ist. Besser ist es also, Sie eignen sich ausreichendes juristisches Verständnis an, um Ihrem Rechtsanwalt kompetent auf die Finger schauen zu können oder die Sache gleich selbst durchzuziehen.

Bauen und Wohnen

Wer eine Immobilie kaufen oder selbst bauen will, tut gut darin, sich in allen Aspekten des Themas zu einem möglichst kompetenten Fachexperten zu mausern: Bausanierung, realistische Gesamtkostenaufstellung, Baufinanzierung usw. Selbst wenn Sie dafür Experten teuer bezahlen, sollten Sie sich besser soweit selbst fortbilden, dass Sie mit jedem Ihrer Experten auf Augenhöhe reden können. Wenn nicht, sind böse Überraschungen nach dem Kauf oder Bau nicht unwahrscheinlich. Das Internet ist voll von bitteren Erfahrungsberichten.

Wenn Sie mir das nicht glauben, nehmen Sie bitte zur Kenntnis, dass Sie allein schon für die Frage, ob Sie überhaupt ein eigenes Häuschen bauen beziehungsweise kaufen oder doch besser zur Miete wohnen bleiben sollten, mehr als zweihundert Seiten lesen und mathematisch-logisch nachvollziehen müssten.[7] Bevor Sie eine Bestandsimmobilie kaufen, sollten Sie sich zudem zum Thema Immobilienbewertung schlau machen.[8] Und für die Bewertung von Hauswänden, Energiesystemen usw. beim Hausbau empfehlen versierte Privatbauherren in Online-Foren sogar Hintergrundwissen in Bauphysik zur Vermeidung von krassen, nicht mehr zu korrigierenden Baufehlern.[9]

Informationen recherchieren und bewerten

Sehr häufig werden wissenschaftliche Studien in den Medien zitiert beziehungsweise von Unternehmen als Beleg dafür verwendet, dass die Produkte, die Sie als Kunde bitte schön kaufen sollen, gut für Ihre Gesundheit und erst recht gut für die Umwelt sind. Wer sich nicht permanent verschaukeln lassen will[10] mit allen daraus sich ergebenden Konsequenzen, muss in der Lage sein, solche wissenschaftlichen Belege kritisch zu hinterfragen, denn oft genug erlebt man dann erstaunliche Überraschungen, was in der Studie denn nun wirklich steht. Das Rüstzeug zum kritischen Lesen wissenschaftlicher Studien erwirbt man leider nicht in der Schule, eigentlich auch nicht in Studium und Ausbildung, natürlich schon gar nicht von der Soft-Skill-Industrie, sondern allenfalls in Ratgeberbüchern und anderen Wissensquellen zu den ganz harten *Hard* Skills.[11]

Zertifizierungen

Ein Thema für sich sind Zertifizierungen aller Art, also hübsche Embleme auf der Verpackung und in den Hochglanzbroschüren, die etwas aussagen sollen über die Qualität des Produkts oder seine Sicherheit oder seine ökologische Unbedenklichkeit oder was auch immer. Um nicht schon wieder massiv verschaukelt zu werden, kommen Sie nicht drum herum, bei jedem solchen Zertifikat peinlich genau zu recherchieren, wie unabhängig die ausgebende Stelle wirklich ist, und was genau die Kriterien zur Erfüllung sind.

Aber auch unabhängige, seriöse Zertifikate können irreführend sein. Ein berüchtigtes Beispiel ist das Thema „Geprüfte Sicherheit". Wussten Sie etwa, dass das fast überall prangende *CE*-Zeichen keine Überprüfung durch eine unabhängige Stelle garantiert, sondern „vom Hersteller in Eigenverantwortung angebracht wird"?[12]

Ebenfalls interpretationsbedürftig ist beispielsweise auch der *Blaue Engel*: „Der Blaue Engel ist jedoch kein Unbedenklichkeitszeichen. Die so gekennzeichneten Produkte stellen in ihrer jeweiligen Produktgruppe das ‚geringste Übel' in puncto Umweltbelastung dar".[13] Immerhin schon einmal eine gute Sache – aber die meisten Käufer wissen offenbar nicht, was der Blaue Engel genau besagt, und gehen selbstverständlich davon aus, dass Produkte mit dem Blauen Engel nicht nur ein bisschen besser als die Konkurrenz, sondern tatsächlich unbedenklich sind. Nicht wenige denken, dass der Blaue Engel sogar gesundheitliche Unbedenklichkeit beim Gebrauch durch den Käufer belegt, dabei geht es allein um umweltschonende Produktion.

Es gibt auch die Variante „Blauer Engel, weil emissionsarm", die tatsächlich wegen gesundheitlicher Aspekte verliehen wird. Sie müssen halt genau auf das Kleingedruckte im Emblem schauen, um herauszufinden, wofür ein Produkt seinen Blauen Engel bekommen hat. Aber auch in diesem Fall gilt der oben zitierte Satz: Der Blaue Engel ist *kein* Unbedenklichkeitszeichen.

Der *Golden Cube* ist ein sehr schön einfach zu erläuterndes, wieder stellvertretend für viele stehendes Beispiel dafür, dass man sich die Vergabekriterien immer sehr genau ansehen muss. Die Hausbauunternehmen, die diesen Preis erhalten haben, stoßen Kaufinteressenten natürlich gerne und mit Stolz mit der Nase darauf. Was sie aber unterschlagen, ist, dass der Golden Cube alles andere als ein Qualitätsausweis ist und überhaupt nichts mit Ihrem späteren Häuschen zu tun hat. Denn erstens wird *ein einzelnes Haus* ausgezeichnet, häufig ein Musterhaus. Zweitens sind die Vergabekriterien wahrscheinlich nicht unbedingt das, was Ihnen bei der Entscheidung für einen Bauträger wichtig ist. So begründet der Jury-Vorsitzende 2010, Prof. Georg Sahner, die Entscheidung der Jury mit der „markanten urbanen Architektur und dem interessanten Innenleben".[14]

Vergleichstests

Ein weiteres Thema für sich, ähnlich gelagert wie Zertifizierungen, sind Vergleichstests, also Rankings. Hier ist entscheidend wichtig, welche Kriterien ins Testergebnis eingeflossen und wie diese Kriterien dabei gewichtet worden sind. Wählen Sie nicht blindlings einen der „Testsieger", sondern schauen Sie genau in die Testtabelle. Die Kriterien und ihre Gewichtung sind sicher in jedem Fall sorgfältig gewählt, davon gehen wir einfach einmal aus. Aber das müssen nicht die Kriterien und die Gewichtung der Kriterien sein, die für *Ihre* speziellen Umstände und *Ihre* Vorlieben die wirklich passenden sind!

Da Anbieterinformationen zu Produkten und Dienstleistungen über so ziemlich alle Branchen hinweg nur bedingt glaubwürdig sind, werden Kundenrezensionen im Internet immer mehr zu einer Hauptinformationsquelle für Kaufinteressenten. Dazu müssen Sie als Kaufinteressent die oft emotional gehaltenen Kundenrezensionen ganz nüchtern und kritisch auf ihren sachlichen Kern und ihre sachliche Plausibilität hin analysieren. Was brauchen Sie dafür zuallererst: fachliches Hintergrundwissen und Hintergrundverständnis sowie kritisch-logisches Denken. Da es so viele kritische Kaufentscheidungen zu treffen gibt auf Fachgebieten, die Sie und ich nie gelernt haben, sollten Sie also besser die Fähigkeit besitzen, sich auf Basis von präziser, aber leider meist nur bedingt allgemeinverständlicher Fachliteratur in ein neues Fach einzuarbeiten, um nicht nur das Produkt, sondern auch die Rezensionen auf Basis von fachlichem Hintergrundwissen einzuschätzen.

Ach ja: Geben Sie keinesfalls der Versuchung nach, der Meute zu folgen und sich bei der Analyse einer kritischen Kundenrezension darauf zu verlassen, als wie hilfreich andere Leser diese Rezension eingestuft haben. Denn erstens haben Sie sich vielleicht klugerweise selbst überlegt, welche Informationen über ein Produkt für Sie hilfreich sind, und das müssen ganz und gar nicht die Kriterien der großen Meute sein.[15] Zweitens kann die Einschätzung einer negativen Kundenrezension als wenig hilfreich immer auch indirekt durch den Anbieter veranlasst gewesen sein, um die Kritik zu unterminieren. Drittens stammen sehr viele Einschätzungen von Hobbykritikern, die sich für das bewertete Produkt überhaupt nicht interessieren und eine recht eigentümliche Vorstellung davon haben, was eine hilfreiche Kundenrezension ist und was nicht.

Es hilft also nichts: Sie müssen mit Hard Skills an die Sache 'rangehen.

Medizin

Mittlerweile sollte sich herumgesprochen haben, dass man auch Ärzte nicht für sich denken lassen darf, sondern immer mitdenken und nebenher recherchieren muss. Auch auf den Chefarzt kann man nicht vertrauen, und tritt er auch noch so vertrauenswürdig auf.[16] Es hilft nichts: Ohne eigenes medizinisches Hintergrundwissen und vor allem Verständnis für medizinische Literatur riskieren Sie Ihre Gesundheit.

Aus eigener Erfahrung empfehle ich sogar, noch einen Schritt weiterzugehen und Fachliteratur aus Ländern zu Rate zu ziehen, in denen die Medizin *evidenzbasiert*[17] ist. Denn in solchen Ländern werden die Ergebnisse medizinischen Handelns konsequent kontrolliert, und man findet darauf aufbauende Leitfäden, welche Methode unter welchen Umständen zu welchen Ergebnissen und zu welchen Nebenwirkungen führt. Glücklicherweise ist die Medizin in den angelsächsischen Ländern evidenzbasiert, so dass man sehr viel Information in Englisch findet und keine exotischeren Fremdsprachen lernen muss. Zum Glück findet sich viel von dieser Information frei zugänglich im Internet, publiziert etwa von medizinischen Fachgesellschaften. Die wesentliche Hürde ist dann noch das Hard Skill, evidenzbasierte Literatur präzise zu verstehen und logische Schlussfolgerungen für den eigenen Fall daraus zu ziehen.

Risikoeinschätzung

Der Mensch ist generell schlecht darin, Risiken einzuschätzen und miteinander zu vergleichen. Das Risiko, mit dem Flugzeug abzustürzen oder beim Baden im Meer von einem Hai angefallen zu werden oder in der Nähe eines Atomkraftwerks an Leukämie zu erkranken, all diese Risiken werden massiv überschätzt. Das Risiko, bei einem Autounfall oder durch eine simple Infektion zu sterben oder beim Frühjahrsputz schwer zu verunglücken, wird hingegen gröblich *unter*schätzt. Nicht nur Lebens- und Gesundheitsrisiken, auch finanzielle Risiken werden völlig falsch eingeschätzt. Das betrifft nicht nur Geldanlagen. Beispielsweise gibt es Millionen Menschen in Deutschland, die eine Hausrat-, aber keine Haftpflichtversicherung haben.[18] Ein großer Haftpflichtfall kann Ihre finanzielle Existenz dauerhaft vernichten bis hin zur Privatinsolvenz; selbst der Verlust des gesamten Hausrats schafft das nicht. Und so unwahrscheinlich ist ein ruinöser Haftpflichtfall nicht: Sie brauchen bloß als Fußgänger beim Überqueren der Fahrbahn oder als Fahrradfahrer einen schweren Autounfall verursachen, bei dem Menschen ernsthaft zu Schaden kommen oder zum Beispiel die Ladung eines Öltanklasters ausläuft.

Die Unfähigkeit, Risiken richtig einzuschätzen, hat gewisse psychologische Gründe, die anderswo schon ausgiebig diskutiert worden sind.[19] Es liegt auf der Hand, dass eine konsequent falsche Risikoeinschätzung der eigenen Lebenserwartung, der eigenen Gesundheit und auch der eigenen finanziellen Situation nicht gerade zuträglich ist.

Dies ist ein Mangel an ganz harten Hard Skills: die Fähigkeit, sich unvoreingenommen und sachlich über die wahren Risiken zu informieren, sowie die Fähigkeit, mit etwas Realschulmathematik daraus dann Schlussfolgerungen für das eigene Handeln zu ziehen.

Subtiles juristisches Verständnis

Kommen wir noch einmal auf das Thema Haftpflichtversicherung zu sprechen, nur so als Beispiel. Sie haben also klugerweise doch eine Haftpflichtversicherung abgeschlossen und wissen, dass die Versicherung nur dann nicht haftet, wenn Sie vorsätzlich gehandelt haben. Da Sie ein gutwilliger Mensch sind, verursachen Sie natürlich niemals vorsätzlich einen Schaden. Sie können sich also sicher sein, dass Sie rundum vor Haftpflichtfällen geschützt sind. Wirklich?

Nun, da gibt es noch eine Kleinigkeit namens *bedingter Vorsatz* oder *Eventualvorsatz*.[20] Grob gesprochen, handeln Sie bedingt vorsätzlich, wenn Sie in Kauf nehmen, dass vielleicht etwas passiert, ohne dass Sie das wirklich beabsichtigen. Das kann im Alltag schneller der Fall sein, als Ihnen lieb sein kann. Und Sie müssen im Einzelfall damit rechnen, dass Sie der Versicherung beziehungsweise dem Richter beweisen müssen, dass Sie „nur" grob fahrlässig und nicht bedingt vorsätzlich gehandelt haben.

Das kann Ihnen beispielsweise ganz schnell passieren, wenn Sie eine Situation heraufbeschwören, die schon einmal gefährlich geworden ist, so dass Sie also wissen mussten, dass diese Situation gefährlich ist. Denken Sie etwa an den Hundehalter, der seinen Hund immer wieder frei auf dem Gehweg laufen lässt, obwohl der schon mehrfach Passanten etwas zu stürmisch begrüßt hat. Wenn beim soundsovielten Mal doch jemand stürzt und sich verletzt, wird die Hundehaftpflicht sicherlich Ärger machen, und zwar auch dann, wenn selbst unangeleinte Hunde von der Haftpflicht gedeckt sind.

Sie sehen schon an diesem einen Beispiel, welche subtilen juristischen Fallstricke überall herumliegen.

Allgemeinbildung

Man sollte den Wert von Allgemeinbildung im Sinne von Faktenwissen nicht unterschätzen, selbst in Domänen der Soft Skills wie etwa kundenorientierte Berufe. Beispielsweise haben Bewerber schlechte Karten, die im Bewerbungsgespräch – kein Scherz! – eingeknickt sind bei der Aufforderung, fünf europäische Hauptstädte zu benennen. Es gibt auch Schüler in höheren Klassenstufen, die – ebenfalls kein Scherz! – nicht wissen, in welchem Land Athen liegt. Da werden wohl noch so tolle Soft Skills auch nichts mehr retten können.

Politische Entscheidungen

Wer nicht will, dass die Politik untragbar hohe Staatsschulden anhäuft, muss halt Politiker wählen, die keine „blühenden Landschaften" versprechen.

In meiner Zeit in Australien hat die Regierungskoalition, die wegen ihrer Außenpolitik und einiger anderer Dinge eigentlich ziemlich unbeliebt war, noch einmal 2004 die Wahlen gewonnen, und zwar vorrangig deswegen, weil der Oppositionsführer in seiner Zeit als Bürgermeister einer größeren Stadt tatsächlich einige Millionen Schulden gemacht hat. Stellen Sie sich das einmal in Deutschland vor!

Unzählige Großvorhaben sind bei nüchterner Betrachtung offenkundig irrational, werden aber mit überoptimistischen Kosten-/Nutzenrechnungen politisch durchgesetzt.[21] Damit meine ich nicht nur die allseits bekannten Flughäfen, Bahnhöfe und Kulturpaläste, die aufgrund „unvorhersehbarer" Probleme und Zusatzkosten jahrelang nicht mehr aus den Schlagzeilen herauskommen. Weniger sichtbar, aber in der Summe noch teurer sind die vielen Gewerbegebiete, Spaßbäder usw., deren ökonomisches Scheitern bei nüchterner Betrachtung ebenfalls schon vorab hätte klar sein müssen. Die gewählten Abgeordneten scheinen flächendeckend nicht willens oder fähig zu sein, ihre Kontrollfunktion auszuüben. Wenn Sie nicht wollen, dass die Politik sich – zum Schaden von uns allen – ihren eigenen finanziellen Spielraum durch falsch angelegte Großvorhaben geradezu mutwillig immer weiter einschränkt, müssen Sie als Bürger aktiv werden und sich frühzeitig ein eigenes kritisches, differenziertes Urteil auf Basis einer harten Kosten-/Nutzenrechnung bilden. Viele Bürger sind inzwischen sensibilisiert. Mit etwas Hartnäckigkeit haben Sie heutzutage dank dem Internet durchaus gute Chancen, Gehör zu finden.

Wie komplex die Informationen sind, die Sie sich aneignen müssen, um zu einem kompetenten Urteil zu gelangen, zeigt exemplarisch unsere Plattform fundiert-entscheiden.de. Schauen Sie sich beispielsweise die Seite zum bedingungslosen Grundeinkommen an oder die Seite zur Frage, wie gefährlich Handystrahlen nun wirklich sind.[22] Sie sehen anhand dieser systematischen Aufbereitungen: Mit den üblichen Informationsfetzen, die man so in den Medien aufschnappt, kommt man zu völlig falschen Einschätzungen der tatsächlichen Sachlage und somit zu völlig falschen Entscheidungen, mit allen sich daraus ergebenden Konsequenzen.

Bei komplexen Themen ist oberflächliches oder halbes Wissen garantiert *falsches* Wissen.

Schlussbemerkung zu Abschnitt 4

In „Die Kunst des klaren Denkens" schreibt Ralf Dobelli:[23] „Nimmt die Komplexität weiterhin zu – und das wird sie –, werden diese Denkfehler häufiger und schwer wiegender ... Die heutige Welt belohnt scharfes Nachdenken und unabhängiges Handeln. Wer einmal einem Börsenhype aufgesessen ist, weiß das."

Wie schrecklich es um die Vermittlung mathematisch-logischen Verständnisses schon in der Schule bestellt ist, zeigen Experimente wie das Folgende:[24] Da bekommen Schüler die Information, dass an Bord eines Schiffes 26 Schafe und zehn Ziegen sind, und die Frage lautet: Wie alt ist der Kapitän. Was war die häufigste Antwort – richtig, 36. Noch schlimmer ist, „dass die Kinder umso häufiger eine ‚Lösung' ausrechneten, je älter sie waren." Offenbar wird in unseren Schulen nicht unbedingt die Grundlage dafür gelegt, dass die Kinder später als Erwachsene ihre finanzmathematischen Angelegenheiten – vom Handyvertrag über Geldanlagen bis hin zum Häuslebau – unfallfrei regeln können. Auch in höheren Klassenstufen sieht es nicht unbedingt besser aus, wie das obige Zitat zeigt. Und in beruflicher Bildung und im Studium sind heutzutage dann eben Soft Skills angesagt...

Die Finanzbranche und diverse andere Branchen werden sich über die weiterhin leichte Beute freuen.

Extremst wichtige harte Wissensinhalte und Kompetenzen werden durch den Soft-Skill-Rummel noch weiter als bisher ins Abseits gedrängt – mit schlimmen, für manche sogar ruinösen Konsequenzen.

„Der große Irrtum – nur die Logik zählt", so ist das Vorwort zum Buch *Erfolgsfaktor Emotionen* betitelt.[25] Ich bin versucht zu antworten: Es wäre sehr viel gewonnen, wenn die Logik doch wenigstens ein klein bisschen zählen würde!

Was passiert eigentlich gerade?

5. Abbau von soft-skill-lastigen Tätigkeiten

Wir müssen uns eine Tatsache klarmachen: Schon seit einigen Jahrzehnten und in den letzten Jahren immer schneller werden Jobs, die Soft Skills erfordern, *abgebaut*.

Leider gibt es wohl keine Statistiken dazu, was auch kaum ginge, da der Begriff „soft-skill-lastige Tätigkeit" sich kaum begrifflich fassen lässt. Daher im Folgenden ein paar illustrative, beispielhafte Tätigkeitsfelder.

Einzelhandel

Der Einzelhandel, ein traditionell beratungsintensiver und somit soft-skill-lastiger Bereich, ist schon zu einem erklecklichen Teil ins Internet gewandert, Dieser Trend wird sich weiter fortsetzen und sich auch auf Produktarten wie etwa Lebensmittel ausdehnen, die bislang noch verschont geblieben sind.[26] Im verbleibenden Rest wurden und werden beratende Tätigkeiten weiter massiv wegrationalisiert. Bis hinunter zur Bäckerei, wo heutzutage in *Backshops* nicht mehr bedient, sondern nur noch kassiert wird. Im Internet ist Beratung natürlich deutlich reduziert gegenüber dem, was Fachgeschäfte einst geboten haben und teilweise sogar heute noch bieten. Der Trend, sich in Fachgeschäften kompetent und kostenlos beraten zu lassen, dann aber billig im Internet zu kaufen, wird noch vielen verbliebenen Fachgeschäften mit echtem Beratungsanspruch früher oder später das Genick brechen.

Business-to-business

Eine parallele, wenn nicht sogar noch schnellere Entwicklung vollzieht sich gerade im Geschäft zwischen Unternehmen (*bu-*

siness-to-business, *B2B*). Die Schnittstellen zwischen Unternehmen sind heute schon häufig Internetportale, die Fortentwicklung solcher Schnittstellen ist ein intensives Forschungsthema weltweit an Universitäten und in Softwareschmieden. Beim Anbieter ist dann der Vertriebsbereich entsprechend zu einem kleinen Rest reduziert, beim Kunden der Einkauf. Diese beiden Bereiche waren immer extrem soft-skill-lastig. Sie wissen, was ich meine: Man kennt sich und kann gut miteinander, eine Hand wäscht die andere. Nicht selten werden Geschäfte sogar beim gemeinsamen Dinner oder beim gemeinsamen Golfen oder in einem anderen geselligen Rahmen unter Dach und Fach gebracht.

Einkauf und Vertrieb werden in schnellen Schritten größenteils wegrationalisiert. Diese Entwicklung wird rasant weitergehen, denn sie reduziert Kosten und erlaubt einerseits dem Einkauf weltweiten Vergleich von Angeboten, andererseits dem Vertrieb weltweite Kundschaft. Zudem sind Einkauf und Vertrieb notorisch korruptionsanfällig, woraus sich ein weiterer entscheidender Vorteil aus dieser Wegrationalisierung ergibt: Bei der Anbahnung und Abwicklung von Geschäften über Internetportale ist jeder Anfangsverdacht von Korruption von vornherein ausgeschlossen.

Finanzanbieter

Banken, Versicherungen und andere Finanzdienstleister reduzieren ihre Filialen, und immer mehr Kunden wandern zu den preiswerteren Online-Angeboten im Internet ab. Direktbanken boomen, obwohl sie keinerlei Finanzberatung bieten.[27] Aber anstelle von hohen Ausgabeaufschlägen verlangen sie nur vergleichsweise geringe Bearbeitungsgebühren, dies ist offenbar für immer mehr Kunden wichtiger als Beratung. Was man auch verstehen kann, denn seriöse Beratung scheint es eher in der Fernsehwerbung als in der Realität zu geben, mehr dazu in Abschnitt 8.

Bildung

Es geht momentan noch langsam voran, aber Studium und Ausbildung werden in Zukunft noch stärker als bisher ins Internet transferiert, die Stichworte dazu heißen *E-Learning* und *Serious Games*, also ernsthafte Spiele.

Bildungsträger forcieren den Ausbau von E-Learning-Angeboten mit der offenkundigen Zielsetzung, teures Lehrpersonal massiv abzubauen und damit erheblich Kosten zu sparen. Und zwar nicht nur im Hochschulbereich und in der Erwachsenenbildung, wo Fernangebote mit geringer Kommunikation zwischen Lehrenden und Lernenden schon lange Tradition haben,[28] sondern auch in der Schule.[29] Und sogar noch weiter: Unter dem Titel „Das Wunder von Wonchi" berichtet der SPIEGEL von Kindern im äthiopischen Hochland, die sich am Laptop mit Hilfe von ein paar Apps selbst Lesen und Schreiben und im nächsten Schritt dann die ersten Brocken Englisch beibringen – ohne einen Lehrer aus Fleisch und Blut.[30]

Die eben erwähnten Serious Games sind eine ganz neue Entwicklung, die zurzeit rasant an Fahrt aufnimmt. Am Computer lernt man Handlungs- und Reaktionsweisen im Rahmen eines kurzweiligen, realistischen Spiels. In vielen Spielen trainiert man technische Abläufe und ähnliches, aber auch Kommunikation mit anderen Menschen lässt sich so einüben – bis hin zu Soft Skills, so dass auch Soft-Skill-Berater sich inzwischen vor der Wegrationalisierung durch Serious Games fürchten müssen.

Zum Vergleich zwischen Serious Games und herkömmlichem Training durch einen Instruktor gibt es eine große Zahl von wissenschaftlichen Studien. Eine kürzlich erschienene Meta-Analyse fördert interessante Einsichten zutage.[31] Konkret stellt die Autorin auf den Seiten 507-508 fest, dass Serious Games das Selbstvertrauen (*self-efficacy*) stärker verbessern als traditionelle Instruktionsmethoden, dass sie mehr Wissen (*declarative knowledge*) und mehr Können (*procedural knowledge*) vermitteln, und dass die Nachhaltigkeit (*retention*) höher ist. Das Spiel sollte den Spieler aber aktivieren und nicht nur passiv durch das Thema führen. Begleitung durch traditionelle Instruktionen von Mensch zu Mensch ist aber vorteilhaft (Seite 510). Aktivierendes Lernen nach traditioneller Vorgehensweise ist einen Tick besser, immerhin.

Alles in allem sind Serious Games eine echte Alternative. Und weil sie viel billiger als Lehrpersonal sind, ist die Vermutung gut begründet, dass sie in nicht allzu ferner Zukunft das Lehrpersonal zumindest in der Erwachsenenbildung, aber auch im schulischen Bereich massiv verdrängen werden.

Das muss so schlecht nicht sein – falls noch genau die Lehrenden übrig bleiben, die wirklich mit Leib und Seele am Beruf hängen und ihre Begeisterungsfähigkeit auf ihre Schüler übertragen können.[32] Und die dann durch intensiven Einsatz von E-Learning und Serious Games vielleicht auch die Zeit haben, die ein Lehrer nun einmal nicht hat, wenn er 25, manchmal sogar mehr als 30 Schüler frontal bespaßen muss.

Journalismus

Im Bereich Journalismus ist schon ein Großteil der festen Anstellungen verlorengegangen. Hier ist ein Teufelskreis im Gange: Die Einnahmen sowohl aus dem Verkauf als auch aus dem Anzeigengeschäft gehen zurück[33] bis hin zur Einstellung von etlichen Publikationsorganen, darunter auch Qualitätsorganen.[34] Daher müssen die Verlage hochqualifiziertes, engagiertes Personal abbauen. Dies führt bei den überlebenden Organen zu geringerer journalistischer Qualität: Journalisten und Redakteure haben keine Zeit mehr, selbst zu recherchieren, sondern schreiben entweder entsprechend oberflächliches Zeugs oder übernehmen mehr oder weniger unkritisch die Meldungen von Nachrichtenagenturen oder sogar vorgefertigte Texte von Presseabteilungen. Oder sie schreiben mit Blick auf die Auflage große Skandale um Politiker und andere Prominente herbei. Und je mehr solcher (neudeutsch) „Medien-Hypes" es gibt, um so abgestumpfter und gelangweilter reagiert das Publikum irgendwann, und die Auflage sinkt immer weiter.

Damit machen die Journalisten sich natürlich erst recht überflüssig. Weitere Rückgänge bei der Auflage sind die Folge, und so fort. Wie gesagt, ein Teufelskreis.

Werbung

Selbst dieser extrem soft-skill-lastige Bereich beginnt langsam, sich in Richtung Hard Skills zu bewegen. Es geht in der Werbung inzwischen nicht mehr nur darum, *wie* man den potentiellen Kunden anspricht, sondern *welche Auswahl* von Produkten man ihm anbietet. Sie kennen das von Kaufplattformen im Internet: Wenn Sie ein Produkt gekauft haben, erhalten Sie Hinweise auf weitere Produkte, die mit dem gekauften Produkt in Zusammenhang stehen. Oder bei Suchmaschinen: Sie geben Suchbegriffe ein und sehen Hinweise auf Produkte, die mit Ihren Suchbegriffen im Zusammenhang stehen.

Gute Werbesprüche und psychologische Werbetricks zählen hier überhaupt nichts mehr. Was allein zählt, ist die sogenannte *Datenwissenschaft*.[35] Das ist ein Spezialgebiet der mathematischen Statistik. Auf Basis von riesigen Datenmengen wird mit Computerprogrammen berechnet, bei welchen Produktkombinationen die größte Wahrscheinlichkeit besteht, dass der Kauf eines Produkts den Kauf des nächsten Produkts nach sich zieht. Ein Kauf kommt dann nicht mehr deshalb zustande, weil die Werbetricks so gut sind, sondern weil zielgenau auf die Produkte hingewiesen wird, die schon viele Kunden unter ähnlichen Umständen für kaufwürdig befanden.

Mittleres Management

Das mittlere Management ist eine Hauptzielgruppe von Soft-Skill-Maßnahmen. Diese Gruppe ist aber in den letzten Jahrzehnten durch IT-basierte Rationalisierung der Arbeitsprozesse besonders stark ausgedünnt worden.[36] Diese Tendenz scheint sich fortzusetzen.

Taxizentralen

Ein illustratives Beispiel dafür, dass praktisch kein Job im Bereich der zwischenmenschlichen Kommunikation mehr sicher ist: Sogar Taxizentralen werden wohl demnächst nur noch eine Nischenerscheinung sein. Neuerdings gibt es Apps, die mit GPS ein in der Nähe befindliches freies Taxi lokalisieren und zum Nutzer hin dirigieren. Es ist nur noch eine Frage der Zeit, bis diese oder ähnliche Apps sich breitflächig durchsetzen und diejenigen, die weiterhin per Telefon ein Taxi bestellen möchten, mit einem Sprachprogramm anstelle eines einfühlsam mitdenkenden Mitarbeiters abgespeist werden.

Auftragsvergabe

Es gibt schon erste Ansätze, dass Unternehmen kleinere, klar definierbare Aufgaben nicht mehr unbedingt soft-skill-lastig in persönlichen Gesprächen aushandeln, sondern die Aufgabe wird einfach öffentlich ausgeschrieben, und wirklich jeder kann sich anonym an einer Lösung versuchen. Internetportale wie etwa www.designenlassen.de, auf denen Designaufträge ausgeschrieben werden, geben schon heute einen ersten Eindruck, was alles demnächst passieren wird.

Bislang war es selbstverständlich, dass der Erfolg bei der Anbahnung und beim Abschluss von Geschäften entscheidend von den Soft Skills aller Beteiligten abhängt. Das betonen auch einschlägige Ratgeberbücher. Aber überall, wo Aufträge im Internet unpersönlich ausgeschrieben werden, trifft dies nicht mehr zu. Stattdessen sind Hard Skills auf Seiten des Auftraggebers wichtig: die Aufgabenstellung präzise definieren und den Preis kaufmännisch kalkulieren. Und der potentielle Auftragnehmer muss ebenso hart kaufmännisch kalkulieren, ob sich die Annahme des Auftrags für ihn rechnen würde.

Ein noch weitergehender Schritt ist Crowdsourcing:[37] Geeignete betriebliche Aufgaben werden auf interessierte Internetnutzer verlagert. Ein häufiges Beispiel ist die Mitwirkung von Internetnutzern an der Entwicklung von benutzerzentrierten Aspekten wie etwa leichte Bedienbarkeit, was unter anderem auch die traditionellen, soft-skill-lastigen Wege zur Einbeziehung der Kunden – neudeutsch „Customer Relations" –immer mehr ersetzt.

Hotlines

Inzwischen werden schon erste Hotlines durch schriftbasierte Chats ersetzt, also das unmittelbare Senden und Empfangen von Text, so dass ein echter schriftlicher Dialog in Echtzeit entsteht. Etwaige Soft Skills der dahintersteckenden Mitarbeiter kommen dabei nicht mehr so recht zur Geltung, ihre Fähigkeit zur schnellen Erfassung des sachlichen Kerns der Frage und zur umgehenden, fachlich kompetenten Beantwortung um so mehr. Die fachliche Beantwortung besteht häufig aus dem mehr oder weniger kommentarlosen Senden einer Webadresse, auf der die Frage eh schon beantwortet ist, das heißt, im Grunde wird Beratung ersetzt durch Assistenz beim Auffinden von Informationen auf den Webseiten des Unternehmens. Damit nichts schiefgeht, ist die Kommunikation formelhaft und aus vorgefertigten Textbausteinen zusammengebaut. Für das Ausleben von Soft Skills bleibt kein Spielraum mehr.

Dank sozialer Netzwerke wie Facebook sind inzwischen mehr als eine Milliarde Menschen weltweit daran gewöhnt, in Chatrooms schriftlich miteinander zu kommunizieren. Prinzipiell lässt sich jede Form von Beratung auch als schriftbasierter Chat organisieren. Bei der IT-basierten Assistenz zur Befolgung von Prozeduren und zum selbstständigen Auffinden und Beheben technischer Fehler ist die Forschung schon sehr weit. In vielen Anwendungsbereichen sind solche Systeme schon im täglichen Einsatz und verdrängen entsprechend Jobs im Bereich Training und Beratung. Technikexperten brauchen dann allerdings auch kein Soft-Skill-Training mehr, um erfolgreich als Trainer und Berater zu fungieren.

Selbst der Bereich Allgemeine Lebensberatung ist im Fadenkreuz, was ja nun wirklich eine Domäne der Soft Skills ist. Der erste Vorbote war das Programm ELIZA Mitte der sechziger

Jahre, das den Chat mit einem Psychotherapeuten simulierte und mit primitivsten Reaktionen auf die Nutzereingaben schon viele Versuchspersonen davon überzeugen konnte, dass sie mit einem einfühlsamen Menschen und nicht mit einem Computerprogramm sprechen.[38] In den beinahe fünfzig Jahren seit ELIZA sind viele Fortschritte gemacht worden. Wir dürfen gespannt sein.

Durch die rasant fortschreitende Verbesserung der automatischen Inhaltsanalyse geschriebener Texte wird sich diese Art von Assistenz noch sehr viel stärker automatisieren lassen als bisher. Und wenn zudem die Forschung zur automatischen Spracherkennung und zur Inhaltsanalyse gesprochener Sprache weiter so rasant voranschreitet, dann werden die automatisierten Beratungsangebote nicht mehr nur chatbasiert, sondern per Telefon oder Skype[39] möglich sein. Oder es schaut sogar ein künstliches, animiertes Gesicht aus dem Bildschirm, das wie ein Mensch mit Ihnen spricht. All das ist längst nicht mehr Science Fiction, sondern nur noch eine Frage der Zeit.

Persönliche Unterstützung

Wie unsere Zukunft dazu aussehen wird, lässt sich schon heute teilweise in Japan beobachten. Dort gibt es schon erste „Butler", die nicht aus Fleisch und Blut, sondern Roboter sind. Auch die mechanische Pflegekraft wird nicht mehr lange auf sich warten lassen.[40] Sobald diese Roboter noch ein paar Ticks besser und vielseitiger und in Massenproduktion deutlich billiger geworden sind, werden sie wohl menschliche Servicekräfte aller Art im persönlichen Umfeld in einem bislang überhaupt noch nicht abschätzbaren Maß verdrängen.[41] Und wahrscheinlich werden sie auch noch höflicher sein, weil sie nie einen schlechten Tag haben und keine persönlichen Abneigungen pflegen.

Emotionale Zuwendung

Schlussendlich muss auch erwähnt werden, dass selbst der letzte noch verbliebene Kernbereich der Soft Skills, das rein

Emotionale, nicht vor Rationalisierung und damit Abbau von soft-skill-lastigen Jobs sicher ist. Schon in den neunziger Jahren hat das Tamagotchi[42] eindrucksvoll demonstriert, wie viele Menschen sich emotional einem elektronischen Spielzeug zuwenden können, als wäre es ein Schoßtier oder gar ein Baby.

Heutiger Stand sind Roboter, die Haustieren nachempfunden sind, sich ansatzweise auch so bewegen und dabei so tun, als würden sie verständnisvoll mit ihrem Besitzer kommunizieren. Scheint ganz gut zu funktionieren und auch gut anzukommen.

Resümee

Diese und viele, viele andere Bereiche stehen schon seit Jahren unter Rationalisierungsdruck, und dieser Druck wird sicherlich nicht nachlassen. Das muss man nicht schön finden, aber ändern wird man es wohl nicht können.

Sind Soft Skills in vielen Bereichen nur eine Brückentechnologie?

Der in diesem Abschnitt beschriebene Abbau von Personal im soft-skill-lastigen Bereich wird durch mehrere Faktoren vorangetrieben, die ich in den Abschnitten 6-12 im Einzelnen durchgehen möchte.

6. Algorithmisierung der Welt

Einleitendes Beispiel: Kreditvergabe

Wer hätte noch vor ein paar Jahren gedacht, dass man überhaupt keine Bank als Zwischenscharnier braucht, damit Privatpersonen Kredite vergeben und andere Privatpersonen oder Firmen daraus Kredite erhalten? Aber im Grunde hat die Bank beim Thema Kreditvergabe nur eine einzige wichtige

Aufgabe, bei der sie nicht so leicht ersetzbar ist: Bonitätsprüfung des Kreditnehmers. Alle anderen Aufgaben rund um die Kreditvergabe sind technisch-organisatorischer Natur und lassen sich auch durch Internetportale ersetzen.

Früher hat der Bankmitarbeiter eher „aus dem Bauch heraus" entschieden – positiv formuliert: auf Basis seiner langjährigen Erfahrung gepaart mit seinen Soft Skills, mit denen er den Kreditinteressenten während des Gesprächs charakterlich durchleuchtet. Aber heutzutage wird Bonität doch eher anders, nämlich nach festen schematischen Regeln geprüft. Das bekannteste Beispiel ist die Schufa,[43] die jeder in der Datenbank gespeicherten Person nach einem strikten Schema einen Punktwert (*Score*) zuordnet, bei dessen Zustandekommen Soft Skills keine Rolle mehr spielen.

Für Banken ist es ideal, den Schufa-Eintrag oder einen vergleichbaren Punktwert[44] anstelle einer Bonitätsprüfung „nach Bauchgefühl" herzunehmen: Erstens spart sie Personal und damit viel Geld; zweitens sind die Entscheidungen weniger angreifbar, da sie ja auf „objektiven" mathematischen Berechnungen beruhen, die zudem von vielen anderen ebenfalls verwendet werden und damit quasi geheiligt sind. Wenn ein – eigenes oder fremdes – mathematisches Berechnungsschema verwendet wird, hat dies zudem einen Vorteil, der heutzutage unter dem neudeutschen Begriff *Compliance*[45] immens wichtig geworden ist und in Zukunft noch wichtiger werden wird: Niemand kann dem Entscheider Willkür oder gar Korruption vorwerfen, jeder Anfangsverdacht ist schon von vornherein absolut ausgeschlossen.

Unausweichliches Dilemma

Dieses einleitende Beispiel zeigt schon alle Aspekte des Dilemmas, das inzwischen praktisch überall auftritt:

- *Entweder* werden Entscheidungen strikt nach „objektiven" schematischen Regeln – also einem Algorithmus – getroffen. Dann sind zwar jede Willkür, jeder Seriositätsmangel und jede Korruption ausgeschlossen. Aber dann kann der

Entscheider auch durch eine Software ersetzt werden, was im Übrigen auch noch massiv Kosten spart.

- *Oder* man überlässt dem Menschen mit seinen Soft Skills einen Teil oder die ganze Entscheidung. Aber das kostet erstens viel mehr. Zweitens muss dieser Entscheider den Mut zu einer echten Entscheidung aufbringen, für die er dann hinterher geradezustehen hat. Drittens setzt man sich automatisch zumindest dem Anfangsverdacht von Willkür oder gar Korruption aus. Und je häufiger und selbstverständlicher solche schematischen Regeln werden, umso verdächtiger macht man sich, wenn man diesem Trend zur Algorithmisierung *nicht* folgt.

Diese Entwicklung ist natürlich nur sehr bedingt wünschenswert. Wie das Beispiel Schufa-Eintrag zeigt, wird damit eine angeblich „objektive" Scheinwelt geschaffen, die mit der Realität nur sehr bedingt zu tun hat. Und niemand, der einen Kredit benötigt, kann sich dieser Scheinwelt entziehen, egal wie ungerecht diese ist. Ich will diese Entwicklung auch überhaupt nicht verteidigen.

Aber es geht in diesem Büchlein ja auch nicht darum, solche Algorithmisierungen zu bewerten,[46] sondern aufzuzeigen, was diese flächendeckenden Umwälzungen für das Thema Soft Skills bedeuten. Und das ist eine ganze Menge:

Wo Algorithmen die Entscheidung übernehmen, ist kein Platz mehr für Soft Skills.

Inwieweit ist die Welt denn algorithmisierbar?

Sie glauben, die meisten Entscheidungsprozesse sind nicht algorithmisierbar, also alles halb so wild? Dann begehen Sie einen logischen Denkfehler, also einen Hard-Skill-Fehler:

Vielleicht sind sehr viele Facetten unseres Lebens nach den Maßstäben der Vernunft nicht wirklich algorithmisierbar. Aber das heißt noch lange nicht, dass man sie nicht dennoch algorithmisieren *wird* aufgrund des oben formulierten unausweichlichen Dilemmas.

Schauen wir uns dazu ein jüngstes, noch drastischeres Beispiel an: *Klout.*[47] Nach einem mathematischen Berechnungsschema wird jedem Twitter-Nutzer eine Punktzahl (*Score*) zugeordnet, die angeben soll, wie einflussreich dieser Nutzer ist. Schon jetzt wird diese Punktzahl vereinzelt bei Bewerbungen im Bereich Kommunikation als wesentliches Kriterium herangezogen. Es zeichnet sich ab, dass auch dieser Trend ein Selbstläufer wird. Und es ist nicht unwahrscheinlich, dass das oben beschriebene unausweichliche Dilemma wieder in voller Härte greift und am Ende nur noch dieser oder ein anderer Algorithmus übrigbleibt.

Denkbar wäre es auf jeden Fall, es ist sogar sehr wahrscheinlich, dass es so kommt – was ist dann noch undenkbar?[48]

Welche Berufsgruppen sind als nächstes dran?

Man kann wohl sicher davon ausgehen, dass in Zukunft auch noch etliche weitere Berufsgruppen davon betroffen sein werden, und zwar auch wie bisher solche, von denen man es vorher nicht vermutet hätte. Stellvertretend für viele andere Wackelkandidaten möchte ich kurz ein vielleicht überraschendes Beispiel andiskutieren, bei dem ich mir sicher bin, dass hier ziemlich bald so einiges passieren wird: Immobilienkauf über einen Makler.

Es ist ähnlich wie beim Thema Kreditvergabe oben: Wofür man Makler wirklich benötigt, ist eine klar umrissene Aufgabe, nämlich eine realistische Schätzung, wie viel die Immobilie wert ist. Falsche Einschätzung des Immobilienwertes durch den Verkäufer scheint der Hauptgrund zu sein, warum Privatverkäufer, die ihr Häuschen zuerst ohne Makler verkaufen wollten, nach ein paar Monaten doch reumütig zu einem Makler gehen. Der schätzt den Wert des Häuschens vielleicht auch nicht hundertprozentig realistisch ein, meist aber doch wesentlich realistischer als der Verkäufer selbst. Alles andere, was der Makler so leistet, kann der Verkäufer problemlos auch in einem der gängigen Internetportale selbst erledigen oder durch einen internetaffinen Bekannten erledigen lassen. Denn so toll und bei potentiellen Käufern beliebt ist die übliche Maklerpoesie in den Annoncen nun auch nicht. Und potentiellen Interessenten die Tür zu öffnen, das lässt sich meist auch ohne teuren Makler bewerkstelligen.

Denn Makler *sind* exorbitant teuer, bis zu 5% des Kaufpreises plus Mehrwertsteuer. Pro hunderttausend Euro sind das knapp sechstausend Euro, die der Käufer noch auf den Kaufpreis obendrauf legen muss, ohne allzu viel Mehrwert gegenüber einer direkt vom Verkäufer angebotenen Immobilie zu haben. Und so langsam scheint sich bei Käufern doch herumzusprechen, dass man diesen Betrag auf den ausgewiesenen Kaufpreis noch draufaddieren muss, um den realen Kaufpreis zu bekommen.

Selbstverständlich gehen Makler bei der Einschätzung des Wertes einer Immobilie stark schematisch vor, anders ließe sich die Komplexität der Aufgabe gar nicht in den Griff bekommen. Jeder Makler hat da so seine Geheimnisse. Allerdings ist nicht alles klug, was dabei so herauskommt. Dobelli[49] zitiert eine Studie, in der die Schätzung des Marktpreises einer Immobilie durch professionelle Makler stark durch die Höhe eines zufällig generierten „gelisteten Verkaufspreises" beeinflusst wurde – und zwar genauso stark wie bei einer Kontrollgruppe von Studierenden.

Die ersten Immobilienportale bieten für eine geringe Nutzungsgebühr schon Kaufpreiskalkulatoren an.[50] Wenn die erst ausgereift sind, kann der Verkäufer mit ihnen genauso ausgefeilt wie ein Makler auf Basis einer Vielzahl einzelner Kriterien einen „marktkonformen" Preis berechnen. Die Kriterien, nach denen man die Bewertung einer Immobilie vornehmen müsste, sind ohnehin längst allgemein bekannt.[51]

Schon heute ist schematische Preisermittlung Realität bei zwei Kernaspekten, Grundstückspreis und Energiebilanz:

Grundstückspreis: Die Bodenrichtwerte[52] sind im Internet frei verfügbar, und die ersten Makler sind schon mit Käufern konfrontiert, die den Bodenrichtwert der Immobilie kennen, daraus überschlägig den Grundstückpreis[53] berechnen und den Makler fragen, wie denn der Gesamtpreis von Grundstück und Häuschen so hoch sein kann, wenn das Grundstück selbst doch nur so-und-so-viel wert ist.

Energieeffizienz: Die Politik drückt massiv eine ganz andere verfeinerte Algorithmisierung durch, nämlich beim Thema Energieeffizienz. Die Werte im Energieausweis[54] sind genauso ungerecht und realitätsfern wie der Schufa-Eintrag eines Kreditsuchenden oder der Klout-Score eines Mitarbeiters der Kommunikationsbranche. Aber wie diese beiden Beispiele zeigen, schafft ein solcher Algorithmus ganz schnell seine eigene Realität. Ein Türöffner im Fall Energieausweis ist die Wertentwicklung: Auch wenn man selbst die Werte im Energieausweis vielleicht für totalen Unfug hält, muss man dennoch beim Wiederverkauf damit rechnen, dass schlechte Werte im Energieausweis den Verkaufspreis in den Keller drücken werden, weil andere den Energieausweis vielleicht doch wichtig nehmen – oder zumindest so tun als ob, um den Kaufpreis zu drücken. Diesen Umstand sollte man besser schon in die heutige Kaufentscheidung einbeziehen, und schon bekommt der Energieausweis immenses Gewicht.

Vermutlich wird der Algorithmus zur Berechnung der Werte im Energieausweis in den nächsten Jahren noch einmal überarbeitet, sodass diese Werte nicht mehr ganz so unrealistisch sind wie heute. Das wird den Akzeptanzprozess noch einmal stark beschleunigen.

Trotz dieser Überlegungen glauben Sie, Immobilienpreise ließen sich nicht algorithmisieren, weil für die Einschätzung des Marktwertes letztendlich die langjährige Erfahrung des Maklers den Ausschlag geben muss? Dass die Käufer sich nicht an solche schematischen Rechnungen halten, sondern dann doch nach eigenem Kopf entscheiden werden? Das alles ist sicher bedenkenswert, aber es spricht doch einiges davor, dass die Preise, zu denen Immobilien den Besitzer wechseln, in absehbarer Zeit vom Kaufpreiskalkulator des führenden Immobilienportals bestimmt werden und somit Makler endgültig überflüssig werden. Was genau spricht dafür:

- Die schon oben erwähnten exorbitanten Maklergebühren.

- Nicht nur Makler, auch Kaufpreiskalkulatoren können Erfahrungen sammeln, wenn die Schnittstelle zum Käufer personalisiert wird und der Kalkulator daher systematisches Wissen über die Bedürfnisse der Käufer sammeln kann. Ein solches System „lernt" wahrscheinlich besser als ein Makler, weil es im Gegensatz zum Makler einen breiten, sogar überregionalen Überblick über den Markt hat.

- Man sollte nicht unterschätzen, wie stark das emotionale Bedürfnis der Menschen nach scheinbar zuverlässiger Information ist. Nicht wenige befragen die Sterne oder den Kaffeesatz, um dieses Bedürfnis zu befriedigen. Auch Leute, die nicht esoterisch angehaucht sind, werden ihr Bedürfnis nach Information zu befriedigen suchen und in einem „objektiven" Kaufpreiskalkulator die ideale Befriedigung finden.

- Es muss nur einmal irgendwo auf der Welt der Anfang gemacht werden, dann wird sich das Konzept in Windeseile um den Erdball verbreiten. Einige Verkäufer werden beginnen, den Preis auf diese Art festzusetzen. Falls der Verkäufer dies nicht selbst tut, werden einige Käufer mit einer Kaufpreiskalkulator-App auf dem Smart Phone durch die Immobilie gehen, die abgefragten Kriterien dabei eingeben und dem Verkäufer oder seinem Makler am Ende des Rundgangs dann triumphierend den so berechneten Kaufpreis unter die Nase halten.

Und wie gesagt: Immobilienmakler sind nur *ein* Beispiel unter mutmaßlich sehr, sehr vielen. Viele andere soft-skill-lastige

Dienstleistungen werden wahrscheinlich ebenfalls demnächst massiv an Bedeutung verlieren. Überlegen Sie sich selbst ein paar weitere Kandidaten!

7.　Die IT tritt zwischen die Menschen

„Denn was nützt all das technische Wissen über digitale Flachbildfernseher, wenn ich sie nicht an den Menschen bringen kann?" Das fragt Angela Bittner in ihrem Buch über Hard Skills und Soft Skills für erfolgreiche Kommunikation.[55] Wohl eher unabsichtlich hat sie ausgerechnet ein Beispiel ausgewählt, das ihre Botschaft exakt widerlegt, denn digitale Flachbildfernseher sind eines der vielen Produkte, die immer öfter über das Internet gekauft werden. Das ist nicht nur billiger als im Geschäft, sondern sogar besser für den Kunden, eben genau aus dem Grund, den Frau Bittner anführt: gerade *weil* nur „das technische Wissen" entscheidet und nicht die Überredungskunst des Verkäufers, mit der er die Ware „an den Menschen bringen kann".

Allgemein werden immer öfter Geschäfte nicht mehr zwischenmenschlich angebahnt und abgewickelt, sondern über Internetportale. Das ist mit der Überschrift gemeint: Die Informationstechnik (IT) tritt zwischen die Menschen, die beteiligten Menschen wissen oft nicht einmal mehr voneinander und kommunizieren in der Regel nur sehr indirekt und nach streng formalisierten Regeln, indem der Anbieter technische Informationen im Rahmen der vom Portal vorgegebenen Struktur schriftlich fixiert, und der Kunde liest diese Information und reagiert darauf.

Betroffen sind sowohl Geschäfte zwischen Unternehmen als auch das Privatkundengeschäft:

- Verkaufs- und Auktionsportale wie etwa ebay.com, in deren Rahmen inzwischen jeder mit wenig Aufwand ein Geschäft aufmachen kann.

- Auktionsportale für haushaltsnahe und andere Dienstleistungen wie beispielsweise my-hammer.de, wo jeder eine zu erledigende Aufgabe einstellen kann, und jeder kann ein Angebot abgeben, für wie viel oder, besser gesagt, für wie wenig Geld er bereit ist, diese Aufgabe zu erledigen.

- Ein schönes Beispiel, das auch schon in Abschnitt 5 unter dem Stichwort „Auftragsvergabe" erwähnt wurde, ist designenlassen.de: Man schreibt einen Designauftrag aus, jeder Mensch auf der Welt kann einen oder mehrere Entwürfe einreichen, und der Ausschreiber wählt seinen Favoriten und bezahlt dessen Urheber.

- Kleinkredite werden inzwischen ebenfalls schon über Internetportale vermittelt, ganz ohne Zutun eines herkömmlichen Kreditinstituts.[56]

Alle diese Portale sind offenkundig erst die Anfänge einer breiten Entwicklung, und sie sind auch nur Beispiele für viele andere, die es ebenfalls schon heute gibt. Kennzeichnend ist, dass die Geschäftsanbahnung und -abwicklung praktisch unter Ausschluss von Soft Skills stattfindet. Um ein Ziel führendes Angebot auf der Plattform zu formulieren, sind „nur" Hard Skills notwendig: das angebotene Produkt beziehungsweise die angebotene Dienstleistung unmissverständlich im Rahmen des vorgegebenen Formats beschreiben und den Preis des Angebots kaufmännisch kalkulieren.

Übrigens: Ein sicherlich positiver Nebenaspekt dieser Entkopplung ist, dass sachfremde Einflüsse kaum noch eine Rolle mehr spielen. Dobelli[57] berichtet von einem nicht untypischen Fall, in dem das anzubahnende Geschäft praktisch sofort in trockenen Tüchern war, nachdem die beiden Geschäftspartner festgestellt hatten, dass sie beide leidenschaftliche Segler sind. Sogar Körpergröße und Schönheit haben einen nicht zu vernachlässigenden Einfluss: Hochgewachsene, gutaussehende Menschen sind einfach erfolgreicher.[58]

Es gibt keinen Grund anzunehmen, dass solche sachfremden Einflüsse zu objektiv besseren Geschäftsabschlüssen führen, eher ist wohl das Gegenteil der Fall. Abgesehen vielleicht von manchen hochgewachsenen und gutaussehenden Menschen wird wohl jeder den Ausschluss solcher sachfremder Einflüsse als eine willkommene Versachlichung der Geschäftswelt sehen.

8.   Erosion des soft-skill-basierten Vertrauens

In den letzten zwanzig Jahren haben Anbieter von Produkten und Dienstleistungen das natürliche Vertrauen ihrer Kunden weitgehend zerstört. Viele Leser dieses Büchleins haben eigene böse Erfahrungen etwa bei Finanzberatung oder Kaufberatung gemacht. In der Werbung steht zwar wortreich das Wohl des Kunden im Vordergrund, aber nicht selten hat der Berater in Wahrheit vor allem sein eigenes finanzielles Wohl oder das seiner Firma im Auge.

Wenn Sie mit verschiedenen Anbietern über dieselbe Kaufentscheidung oder andere gewichtige Entscheidung sprechen und die Antworten einander gegenüberstellen, bekommen Sie einen guten Eindruck, wie selbstverständlich und selbstbewusst Ihre soft-skill-starken Gesprächspartner zuweilen völlig, aber auch wirklich völlig frei mit Fakten und Tatsachen umgehen. Eine niederschmetternde, aber lehrreiche Erfahrung.

Soft Skills werden flächendeckend eingesetzt, um harte Fakten zu verschleiern und so die Kunden zu Entscheidungen zu verleiten, die nicht in ihrem, wohl aber im Interesse des Anbieters sind.

Ein anderer Megatrend der letzten Jahrzehnte wirkt dabei noch als Brandbeschleuniger: die Entfesselung des freien Wettbewerbs in allen Bereichen.

Kurzer Exkurs: freier Wettbewerb

Freier Wettbewerb ist ganz und gar nichts Schlechtes, hat aber einen hohen Preis.

Zunächst produziert freier Wettbewerb keine Gewinne für die Kunden, sondern erst einmal nur Kosten: (1) Die Fixkosten (etwa für Verwaltung) fallen nicht nur einmal insgesamt, sondern einmal pro Wettbewerber an; (2) Wettbewerb bedeutet Marketing- und Vertriebskosten, die in manchen Bereichen exorbitant sein können, etwa bei Versicherungen. Bei allen Geschäften, in denen die Folgen des Vertragsabschlusses nicht überblickbar sind, kommen (3) weitere versteckte Kosten hinzu, denn im Wettbewerb wird natürlich – viel zu billig – nur mit den unmittelbar überblickbaren Kosten geworben. Ein Beispiel für (3) sind Versicherungen: Mit viel zu niedrig kalkulierten Einstiegsprämien werden Kunden geworben, im Schadensfall wird dann aber so stark geknausert, dass so mancher Kunde trotz umfangreicher Absicherung ruiniert dasteht.[59] Und dort, wo man später nicht mehr so ohne weiteres wechseln kann, wie etwa bei privaten Krankenversicherungen, steigen dann auch noch im Laufe der Zeit die Prämien exorbitant.[60] Harmlosere, aber in der Summe immer noch ärgerliche Beispiele finden sich zuhauf: von der Kaffeemaschine zum Schnäppchenpreis, für die man hinterher nur die teuren Tabs des Anbieters verwenden kann, bis hin zu Druckern, die billig angeboten werden, aber dann zahlt man vielfach bei den Druckerpatronen drauf.

Zu diesen unmittelbaren ökonomischen Kosten kommen noch erhebliche ethische Konsequenzen hinzu. In Wettbewerben gibt es nun einmal zahlreiche Verlierer, und diese Verlierer sind in der Zwangslage, dass sie entweder ethisch einwandfrei in die Insolvenz gehen oder es am Ende doch mit der Ethik nicht ganz genau nehmen. Da niemand gerne in die Insolvenz geht, wird also häufig mit unseriösen Praktiken reagiert, was die einzelne Firma vielleicht eine Zeitlang rettet, aber den allgemeinen Niedergang des Vertrauens natürlich noch beschleunigt.

Ein extrem trauriges Beispiel für die ethischen Konsequenzen von freiem Wettbewerb hat nichts mit Soft Skills zu tun, soll hier aber dennoch nicht unerwähnt bleiben: Es ist bekannt, dass Krankenhäuser auch gerne Krankheitsfälle aufnehmen und behandeln, obwohl das Krankenhaus aufgrund mangelnder Ausstattung und Erfahrung nur bedingt für diese Art von Fällen geeignet ist, einfach weil bestimmte Fallarten besonders viel Geld bringen. Der Gipfel der Traurigkeit ist das durch den Wettbewerbsdruck erzwungene Geschäft mit Frühchen.[61]

Zurück zu unserem Thema: Im Zusammenhang mit dem Thema Soft Skills gibt es ebenfalls so einiges Vertrauens*un*würdiges zu berichten.

Wieder einmal Finanzbereich

Das Privatkundengeschäft der Banken, Versicherungsanbieter und anderer Finanzdienstleister ist das bekannteste und berüchtigste, aber natürlich bei weitem nicht einzige Beispiel. Die Gesetzgebung zum Schutz des Verbrauchers hinkt hoffnungslos hinterher.[62] Anstelle einer seriösen, kundenorientierten Beratung ist der „Berater" durch die Vorgaben der Geschäftsleitung gezwungen, ein Verkaufsgespräch zu führen mit dem alleinigen Ziel, die Provision für den Vermittler beziehungsweise für den Anbieter zu maximieren. Die Geschäftsleitung besteht natürlich auch nicht aus Bösewichtern, sondern wird ihrerseits durch den Wettbewerbsdruck getrieben.

Der massive Vertrieb von Lehman-Zertifikaten als absolut sichere Anlagen gerade an ältere, vertrauensvolle Mitbürger – selbst noch zu einem Zeitpunkt, als die Bonität dieser Bank schon ernsthaft in Zweifel stand! – hat vielen erstmals die Augen geöffnet. Bekanntlich war dieser Fall aber nur die ganz kleine Spitze eines riesigen Eisbergs.[63] Als erster Einstieg in das Thema sei das *Schwarzbuch Banken und Finanzvertriebe*[64] der Verbraucherzentrale NRW empfohlen.

Kaufberatung

Auf sachkundige Beratung beim Kauf eines Produkts kann man ebenfalls nicht mehr bauen. Fachkundiges Personal wird ohnehin abgebaut. Will man sich informieren, muss man ins Internet schauen. Was das Vertrauen besonders erschüttert, sind offiziell wirkende Personen in größeren Geschäften wie etwa Medienmärkten, die mit Billigung (und mutmaßlich mit finanzieller Beteiligung) des Geschäftsinhabers als Berater auftreten, in Wirklichkeit aber auf Provisionsbasis zum Kauf bestimmter, besonders teurer Produkte im Sortiment verlocken wollen.

Schnelle Zusatzgeschäfte

Inzwischen wird an so ziemlich jedem Verkaufstresen versucht, dem Kunden noch schnell ein Zusatzprodukt anzudrehen. Selbst bei so hoch angesehenen Institutionen wie der Deutschen Post (Girokonto) oder dem ADAC (Versicherungen) wird das Gespräch mit den bekannten Methoden in eine Situation manövriert, in der Nein zu sagen jedem eher harmoniebedürftigen Menschen schon arg schwerfallen dürfte.

Auch bei so manchem niedergelassen Arzt muss man schon sehr barsch Nein sagen, um sich nicht in den Kauf von teuren IGEL-Leistungen hinein „beraten" zu lassen. IGEL = „individuelle Gesundheitsleistungen" sind medizinische Mittel, die die gesetzliche Krankenversicherung nicht bezahlt, weil ihre Wirksamkeit nicht nachgewiesen ist. Aus diesem Grund sollten Ärzte eigentlich – eigentlich! – extrem vorsichtig damit sein, solche Mittelchen an ihre Patienten, die ihnen ja immenses Vertrauen entgegenbringen, zu verkaufen.[65]

Medien

Journalisten haben keine Zeit mehr für seriöse Recherche und machen sich damit noch schneller überflüssig. Abgesehen von einzelnen hochkarätigen Organen, die weiterhin hohe Ansprüche an ihre eigene Arbeit stellen, reduziert sich die redaktionelle Arbeit immer mehr auf die Übernahme von Agenturmeldungen oder – besonders problematisch – von Texten, die von den Presseabteilungen interessierter Unternehmen erstellt und den Redaktionen frei Haus angeboten werden.

Im Abschnitt über „Chauffeur-Wissen" – gemeint ist aufgeschnapptes, unverstandenes Halbwissen – findet Dobelli[66] dafür sehr harsche Worte: Einige wenige ältere Journalisten „sind ernsthaft bemüht, die Komplexität eines Sachverhalts zu verstehen und abzubilden. Sie schreiben tendenziell lange Artikel, die eine Vielzahl von Fällen und Ausnahmen beleuchten. Die Mehrheit der Journalisten fällt leider in die *Chauffeur-Kategorie*. In kürzester Zeit zaubern sie Artikel zu jedem beliebigen Thema aus dem Hut oder besser: aus dem Internet. Ihre Texte sind einseitig, kurz und – oft als Kompensation für *Chauffeur-Wissen* – ironisch." (Hervorhebungen im Original)

Business-to-business

Wir können uns kurzfassen: Nicht nur im Privatkundengeschäft, auch im Geschäft zwischen Unternehmen erodiert das Vertrauen massiv.[67]

Unternehmensberatung

Wir können uns weiterhin kurzfassen. Unternehmensberatung ist soft-skill-lastig wie nur irgendwas. Aber „Sätze wie aus dem Wochenend-Philosophiekurs an der Volkshochschule"[68] untergraben natürlich die Bereitschaft von Unternehmen, viel Geld für externe Beratung auszugeben.

Interessantes Indiz für die Einfallslosigkeit ist die Selbstdarstellung. Im Internet kursiert die Aufforderung, man solle doch einmal nach dem Satz „Neue Wege zu beschreiten, hat bei uns Tradition" googeln. Natürlich findet man damit nicht nur Unternehmensberatungen.

Selbstverständlich sind bei weitem nicht alle Unternehmensberatungen so einfallslos, ganz und gar nicht. Aber solche Vorkommnisse unterminieren nun einmal das Vertrauen generell, und nur darum ging es in diesem Abschnitt.

9. Unrealistische Versprechungen der *Soft-Skill-*Branche

Soft Skills sind geradezu eine Heilslehre geworden. Wie jede Heilslehre – insbesondere solche, mit denen sich viel Geld machen lässt – weckt sie viel zu hohe Erwartungen. Wir gehen ein paar Lieblingskinder der Soft-Skill-Industrie durch.

Teamarbeit

Langsam erinnert man sich wieder daran, dass Teamarbeit kein wünschenswerter Idealzustand ist, sondern ein notwendiges Übel, weil viele Aufgaben nun einmal nicht von einer Einzelperson bewältigt werden können. Die Notwendigkeit zur Kommunikation im Team ist zunächst einmal negativ: kostet viel Zeit, und Missverständnisse führen zu Arbeitsfehlern und Reibungsverlusten. Nicht umsonst wird überall da, wo es wie etwa im Cockpit akut um Menschenleben geht, die Kommunikation – nein, nicht durch Soft-Skill-Trainings „verbessert", sondern ganz im Gegenteil stark formalisiert und ritualisiert.

In Wirklichkeit ist der Idealzustand ganz im Gegenteil doch genau der Fall, wenn die große gemeinsame Aufgabe in kleine Teilaufgaben niedergebrochen wird, die präzise beschrieben sind und einfache, präzise Schnittstellen zu den Teilaufgaben der anderen Teammitglieder haben. Dann kann jedes Teammitglied weitgehend kommunikationsfrei an seiner Teilaufgabe arbeiten, das kostet weniger Zeit, und Missverständnisse sind weitestgehend ausgeschlossen. Nebenbei erlaubt dies dem einzelnen Teammitglied auch größtmögliche zeitliche Flexibilität bei der Erledigung der Aufgaben, weil man die weitgehend unabhängigen Teilaufgaben nur selten im Team synchronisieren muss.

Man muss zudem davon ausgehen, dass Teams weniger produktiv sind, als wenn die Teammitglieder statt dessen einzeln für sich arbeiten würden. Das liegt nicht nur am Zeitaufwand für die Kommunikation und die Reibungsverluste durch Missverständnisse. Hinzu kommt ein durchaus messbarer Effekt namens *Social Loafing*,[69] was ins Deutsche mit Sozialem Faulenzen oder Sozialem Bummeln übersetzt wird. Bekannt ist das Witzwort: „Team = toll, ein anderer macht's". Im Team schalten eben viele Leute einen Gang zurück, solange die Verantwortung für eine schlechte Teamleistung nicht an ihnen persönlich hängen bleibt. Eine Zeitlang mag dies durch höheres Engagement anderer Teammitglieder aufgefangen werden, aber diese anderen Teammitglieder sind natürlich auch bald frustriert.

Eigentlich sind das ganz einfache und auch offensichtliche Tatsachen, wenn man einmal nüchtern draufschaut. Leider ist der nüchterne Blick darauf ein wenig verstellt, weil man aus der Behandlung des Themas Teamarbeit in der Soft-Skill-Branche leicht den Eindruck mitnimmt, möglichst intensive Teamarbeit mit möglichst viel Kommunikation wäre etwas ganz Tolles und unbedingt Erstrebenswertes.

Vom Team abzugrenzen ist der Schwarm, von dem als nächstes die Rede sein wird.

Schwarmintelligenz

Es gehört mittlerweile zum Allgemeinwissen, dass die Anzahl der Murmeln in einem großen Glas oder das Gewicht eines Ferkels sehr gut getroffen wird, wenn möglichst viele Leute eine Schätzung abgeben und man dann den Durchschnitt der individuellen Schätzwerte nimmt. Was dabei aber leider häufig unterschlagen wird: Das funktioniert nur, wenn die einzelnen Leute *nicht* miteinander kommunizieren, sondern unabhängig voneinander ihr Urteil bilden.[70] Sobald die Leute miteinander kommunizieren, werden die Gruppenergebnisse sogar systematisch *schlechter* als die Ergebnisse der Einzelnen, die nicht miteinander kommuniziert haben.[71] Der Begriff *Schwarmintelligenz* ist daher eigentlich absurd: Der Schwarm ist dümmer als der Einzelne.

Dazu passt auch ein bekanntes Zitat des verstorbenen amerikanischen Satirikers und Sozialkritikers George Carlin,[72] das die allgemeine Lebenserfahrung wiedergibt: „never underestimate the power of stupid people in large groups" – man soll niemals die Macht dummer Leute in großen Gruppen unterschätzen.

Es gibt einen Fall, in dem die Kooperation im Schwarm nachweislich zu extrem guten Ergebnissen geführt hat: Das ist die Wikipedia.[73] In punkto Zuverlässigkeit der Information kann die Wikipedia sich durchaus mit normalen Enzyklopädien messen, die in einem aufwendigen redaktionellen Prozess erstellt werden. Eine interessante, wenn auch unsystematische und daher nicht unbedingt fundierte Beobachtung hilft vielleicht, diesen Einzelfall einzuordnen: Es könnte sein, dass Schwärme generell eher *nicht* gut darin sind, wirklich Neues hervorzubringen, sondern nur darin, vorhandenes Wissen zu sammeln und aufzuarbeiten.[74]

Wie man es auch dreht und wendet – Schwarmintelligenz scheint eher ein Mythos zu sein.

In Gruppen Ideen finden (Brainstorming) und Meinungen bilden

Ein wunderbar illustratives Beispiel dafür, dass Brainstorming die wegweisenden Ideen eher *unterdrückt* als hervorbringt, ist die Sache mit dem Überleben in der Arktis. Auf der Titelseite dieses Büchleins hatte ich schon einen prägnanten Satz aus einem Artikel auf SPIEGEL Online zitiert. Hier noch ein weiteres Zitat aus diesem Artikel: „Ein Student, der Erfahrung mit Reisen in den hohen Norden hatte, wurde in einer solchen Runde einmal schlicht ignoriert. Er hatte seine Vorschläge nicht laut genug vorgetragen. Seine Erfahrung aber wäre lebensrettend gewesen."[75]

Prof. Schulz-Hardt arbeitet das Thema systematisch aus der Sicht der Wirtschafts- und Sozialpsychologie auf und schreibt:[76] „In Brainstorming-Gruppen werden viel weniger Ideen entwickelt als bei [allein nachdenkenden Einzelpersonen]. Entsprechende leistungshemmende Einflüsse der Zusammenarbeit in Gruppen ... finden sich beispielsweise auch beim Entscheiden und Problemlösen in Gruppen."

„Brainstorming ist Bullshit", dekretiert Marisa Schulz kurz und bündig auf ZEIT Online.[77] Und weiter: „Gemeinsam kreativ sein geht einfach nicht."

Gemeinsames Kreativsein und gemeinsame Meinungsbildung können sogar brandgefährlich sein kann, weil selbst völlig realitätsferne Ansichten, die jedes einzelne Gruppenmitglied allein im stillen Kämmerlein zu Recht absurd finden würde, im gruppendynamischen Prozess Konsens finden.[78] David H. Freedman fasst die langjährige Forschung von Irving Janis an der Yale University prägnant zusammen:[79] „Gruppen werden, wie Janis und andere gezeigt haben und wie die meisten von uns auch selbst recht gut wissen, nicht unbedingt von den Leuten geführt, die die Dinge richtig sehen, sondern von eher energischen und streitlustigen Gestalten, die zu überreden und manipulieren verstehen und sich durchsetzen ... bis schließlich auch Personen mit ernsten Zweifeln schwankend werden – wer möchte schon der Einzige sein, der nicht dazugehört?"

Meine eigene Beobachtung bei Studierenden, die sich in Gruppen auf eine Prüfung vorbereiten, ist ähnlich: Ein völlig falsches Verständnis des Lernstoffes kann sich beim gemeinsamen Erarbeiten des Lehrstoffes sehr leicht festsetzen und wird dann nicht mehr hinterfragt, da ja die ganze Gruppe dieses falsche Verständnis teilt.

Motivation

Wodurch lassen *Sie* sich denn nachhaltig motivieren? Die Betonung liegt dabei auf *nachhaltig*. Gehören Sie zu den Leuten, die sich durch tolle Sprüche und überschwängliches Lob motivieren lassen? Und wie lange hält das dann vor?

Der bekannte Karriereberater Martin Wehrle[80] bringt es auf den Punkt:[81] „Und wenn alles nichts mehr nützt, zahlen die Irrenhäuser eine Gehaltserhöhung in einer Währung aus, die von keiner Bank anerkannt wird: in Lob ... Benebelt von dieser

Lob-Narkose sieht der Mitarbeiter darüber hinweg, dass der Irrenhaus-Direktor seine aktuelle Gehaltserhöhung, um ihn nicht mit winzigen Beträgen wie 500 oder 750 Euro zu belästigen, bis zu einer ‚angemessenen Erhöhung‘ aufschieben will." Wie Sie sicherlich schon vermutet haben, sind mit „Irrenhäuser" gewisse Unternehmen und Abteilungen von Unternehmen gemeint.

Wie oft lassen *Sie* das noch mit sich machen?

Assessment-Center

Noch ein Lieblingskind der Soft-Skill-Industrie. Die Angst der Bewerber davor, einen schlechten persönlichen Eindruck im Bewerbungsmarathon zu hinterlassen, bringt viel Geld. Eine Zeitlang war alle Welt begeistert von Assessment-Centern. Die inzwischen vorliegenden wissenschaftlichen Ergebnisse sind aber doch eher ernüchternd: Nach heutigem Stand muss man wohl davon ausgehen, dass Intelligenztests und strukturierte Interviews eine bessere Vorhersagekraft haben als Assessment-Center. [82]

Emotionen und Intuition

Im Buch *Erfolgsfaktor Emotionen*[83] bringen die Autoren den weit verbreiteten Glauben besonders gut auf den Punkt: „Emotionen und Intuition sind dem Verstand weit überlegen."

Ich möchte ja kein Spielverderber sein, muss aber der Vollständigkeit halber doch darauf hinweisen, dass es wohl keine Hexenverbrennungen und ähnliches gegeben hätte, wenn die Leute damals mehr auf ihren Verstand und weniger auf „Emotionen und Intuition" gehört hätten.

Wie schlecht Emotionen und Intuition tatsächlich als Ratgeber sind, weiß man inzwischen sehr gut aus anderen Bereichen, wo der angerichtete Schaden recht gut analysierbar ist, beispielsweise in der Medizin.[84]

Berufswahl ist ein weiteres Thema, zu dem man häufig den Rat hört, man solle auf sein Bauchgefühl vertrauen. Nun, der

Psychologe Marc Schneider sagt dazu:[85] „Meine Forschungen haben gezeigt: Zufrieden waren die Leute, die wussten, was sie wollten, und die zusätzlich viele Informationen über ihren Traumberuf eingeholt hatten. In einem zweiten Schritt sollte man sich deshalb umfassend über Berufswege, Stellenangebote, Aufstiegschancen, Gehalt und Weiterbildungsmöglichkeiten informieren."

Die Mathematik bringt noch deutlicher zutage, dass man sich besser nicht auf's Bauchgefühl verlassen darf. Ein Beispiel: Der Mensch kann intuitiv nur lineares Wachstum erfassen. Viele Werte wachsen aber *exponentiell*, beispielsweise die Weltbevölkerung oder etwa die Anzahl Betroffener bei einer Grippewelle. Kennzeichnend ist, dass der Effekt über sehr lange Zeit ziemlich unter der Wahrnehmungsschwelle bleibt und ganz plötzlich und – zumindest für uns Menschen mit unserer groben Wahrnehmung und unserem linearen Denken – völlig überraschend alle Grenzen sprengt.

Meist wird an dieser Stelle die Geschichte mit den Reiskörnern und dem Schachbrett erzählt.[86] Ich erzähle hier eine andere Geschichte: Wenn Finanzanbieter Beispielrechnungen vorlegen, wie viel Geld man etwa bei einer Kapitallebensversicherung oder einer privaten Zusatzrente am Ende herausbekommen wird, dann kommen da regelmäßig beeindruckend hohe Beträge heraus. Ganz klar: Ein Vertragsabschluss lohnt sich, da kann man kräftig absahnen. Allerdings ... wenn man den effektiven Jahreszins zurückrechnet, kommt nicht unbedingt ein beeindruckender Prozentsatz heraus. Das liegt wieder am exponentiellen Wachstum: Dank Zinseszinseffekt bringen auch kleine Prozentsätze über Jahrzehnte hinweg beeindruckend erscheinende Gewinne. Allerdings nur scheinbar, denn inflationsbereinigt sehen die Gewinne nicht mehr ganz so gut aus.

Entscheidend ist: Man könnte denselben Betrag gleich sicher auch mit einer anderen Geldanlage erwirtschaften, die vielleicht noch einige Vorteile gegenüber der angebotenen Rente hat – zum Beispiel dass man jederzeit kurzfristig und verlustfrei an das Geld herankommt, falls man es dringend benötigt.

Ganz in diesem Sinne bringt es Rolf Dobelli wieder einmal wunderbar auf den Punkt, diesmal unter dem Stichwort *The Conjunction Fallacy*:[87] „Das intuitive Denken hat ein Faible für plausible Geschichten. Bei wichtigen Entscheidungen tun Sie gut daran, ihnen nicht zu folgen." Mein persönlicher Nachtrag dazu ist: Diese Plausibilität erleichtert es, Selbstkritik auch hinterher auszuschalten und fest daran zu glauben, man hätte dank seiner Intuition die richtige Entscheidung getroffen.

Wer sich von Emotionen und Intuition leiten lässt, ist eine leichte Beute für alle, die lieber mit gefühlvollen Sprüchen und Bildern werben und mit psychologischen Mätzchen operieren, statt offen, ehrlich und sachlich zu informieren.

Es gibt leider dennoch eine große Anzahl an Ratgeberbüchern, die dem Leser nahelegen, dass das Bauchgefühl ein besserer Ratgeber als der sachlich-kritische Verstand ist. Belegt wird diese These dann entweder mit Anekdoten, was in etwa so zuverlässig ist wie Aussagen der Form „es regnet heute, also regnet es immer". Oder es werden Studien zitiert, in denen jeder in der Versuchsgruppe dieselbe Entscheidung unabhängig von den anderen treffen soll, zum Beispiel eine Kaufentscheidung. Die Mitglieder der einen Teilgruppe soll nach Bauchgefühl entscheiden – zuweilen sogar unter Ablenkung –, die andere Teilgruppe möglichst nach sachlichen Erwägungen. Ergebnis ist, dass die erste Teilgruppe deutlich zufriedener mit ihrer Entscheidung ist als die zweite Gruppe.

Dass in einer solchen Situation offensichtlich massive psychologische Faktoren im Spiel sind, die mutmaßlich stärker über Zufriedenheit oder Unzufriedenheit entscheiden als die Kaufstrategie, wird leider ausgeblendet, so dass diese „Beweise" schlicht wertlos sind. Aber für diese Einsicht braucht man wohl auch eher Hard Skills.

In einigen Büchern findet sich aber auch eine differenziertere Sicht auf das Verhältnis zwischen Verstand und Bauchgefühl, beispielsweise im Buch von Bas Kast.[88] Er arbeitet deutlich heraus, dass man seiner Intuition nur auf Gebieten vertrauen soll, in denen man sich sehr gut auskennt. In seinen Worten: „Der Verstand dient dazu, *sich zum Experten zu machen.* Die Entscheidung selbst jedoch sollten Sie ... allmählich aus ihrem Unbewussten auftauchen lassen." Diese These, dass man dort seiner Intuition vertrauen soll, wo man Experte ist, klingt eigentlich recht vernünftig. Sie lässt aber eine wesentliche psychologische Erkenntnis unberücksichtigt: Gerade Experten werden durch ihr übermäßig hohes Vertrauen in ihre eigenen Fähigkeiten leicht dazu verführt, ihrer Intuition viel zu sehr zu vertrauen und sich vorschnell eine Meinung zu bilden. Oft genug sogar über ihr ureigenes Expertengebiet hinaus, dann wird das Missverhältnis zwischen Selbstvertrauen und tatsächlicher Fähigkeit besonders augenfällig und nennt sich *déformation professionelle.*[89]

Natürlich sollen Experten ihrer Intuition vertrauen. Aber es hilft nichts: Auch ein Experte muss zuerst mit viel Mühe alle für den konkreten Fall relevanten Fakten recherchieren, logisch durchdenken und kritisch bewerten, und auf dieser Basis wird ihm seine Intuition dann den richtigen Weg weisen. Wenn er sich diese Mühe nicht macht, dann ist sein Bauchgefühl nur ein Schnellschuss, und auf so etwas sollten Sie sich besser *nicht* verlassen.

Nur ein illustratives Beispiel, stellvertretend für viele andere: Wenn ein Jurist sein Bauchgefühl wiedergibt, wie er den Ausgang eines Rechtsstreits einschätzt, dann sollte er Ihnen einschlägige Gesetzestexte, Kommentare und Grundsatzurteile nennen und diese gegeneinander abwägend in logische Beziehung zum fraglichen Rechtsstreit setzen können, sodass auch Sie selbst für sich ein erstes intuitives Gesamtbild des Falls und seiner Einordnung in die Rechtslandschaft entwickeln können. Wenn er das nicht kann, sollten Sie seinem Bauchgefühl besser *keinen* Glauben schenken.

Noch einmal zurück zu Bas Kasts schon oben zitierte Behauptung: „Der Verstand dient dazu, *sich zum Experten zu machen.* Die Entscheidung selbst jedoch sollten Sie ... allmählich aus ihrem Unbewussten auftauchen lassen." Bei nüchterner Betrachtung sollte das Verhältnis zwischen Verstand und Bauchgefühl doch besser andersherum sein – nicht der Verstand arbeitet dem Bauchgefühl zu, sondern das Bauchgefühl arbeitet dem Verstand zu:

Ein schlechtes Bauchgefühl ist ein wichtiger Indikator, dass man besser noch einmal seine Verstandeskräfte sammelt und eine genauere Analyse durchführt.

Sie können natürlich auch den Kopf in den Sand stecken und sich einreden, dass Ihre Entscheidungen rein nach Bauchgefühl sehr gut und absolut richtig sind. In der Psychologie wird dieses Schönreden *Rationalisierung* genannt.[90] Das bekommen die meisten Menschen erstaunlich gut hin, ganze Gruppen sogar noch besser als Einzelne. Wenn das für Sie ok ist, laufend über den Tisch gezogen zu werden und sich dabei auch noch oberschlau vorzukommen – kein Problem, aber dann ist das hier wohl eher nicht Ihr Buch.

10. Verlagerung von Faktenwissen, Logik und Mathematik auf uns alle

Das relative Gewicht zwischen *Hard* und *Soft Skills* verschiebt sich nicht nur durch die oben beschriebenen Erosionserscheinungen bei *Soft Skills*, sondern auch dadurch, dass die Fähigkeit, sich effizient und akkurat in schwierige Fachthemen einzuarbeiten, immer wichtiger wird. Diese Problematik haben wir in Abschnitt 4 ausführlich diskutiert, das müssen wir hier nicht noch einmal alles wiederholen.

Aber vielleicht doch noch einmal ein Beispiel zur Illustration: Früher musste sich allein der Finanzberater um so lästige Dinge wie Finanzmathematik kümmern. Und der mobilisierte dann seine Soft Skills, um dem Kunden das Finanzprodukt schmackhaft zu machen. Und Sie haben dann umgekehrt Ihre Soft Skills mobilisiert, um die Seriosität des Finanzberaters einzuschätzen. Da kam dann dreißig Jahre später heraus: „Aber er war doch sooooo nett und trat sooooo seriös auf und war soooo überzeugend!" Der so über den Tisch gezogene Kunde hätte wohl besser ein paar mehr Hard Skills in Finanzmathematik und allgemein in logischem Denken eingesetzt, um dem Berater kritisch auf den Zahn zu fühlen.

Das gilt natürlich nicht nur für den Bereich Finanzen. Heute wissen wir aus millionenfacher leidvoller Erfahrung und aus allen Branchen: Selbst wenn man sich immer noch beraten lässt und nicht eh alles schon selbst recherchiert, muss man selbst zum fachlichen und juristischen Experten werden, um nicht über den Tisch gezogen zu werden. Es sind ja meist keine platten Lügen, sondern die klitzekleinen, unauffälligen Beschönigungen und Weglassungen, die trotz ihrer Unscheinbarkeit dramatische Konsequenzen zeitigen nach dem Prinzip „kleine Ursache – große Wirkung".

Vielleicht ergibt sich in Zukunft ein neues Berufsbild: unabhängige, extrem gut bezahlte Logik-Scouts, die die oben genannten Fähigkeiten besitzen und jedem Otto Normalverbraucher ihre Dienste anbieten. Otto Normalverbraucher muss dann natürlich auch dazu bereit sein, einen solchen Dienst in Anspruch zu nehmen und entsprechend teuer dafür zu löhnen – möglichst bevor die Altersversorgung dank soft-skill-starker Finanzberatung vielleicht rettungslos verloren ist.

11. Wandel der Arbeitskultur

Die Alterskohorten, die zurzeit ins Berufsleben treten oder kurz davor sind, scheinen in der Mehrzahl keine Spaßarbeiter zu sein, die sich gerne am späten Abend nochmals zum Tischkickern im Aufenthaltsraum treffen, um danach noch eine nächtliche Arbeits-„Session" bis zum Morgengrauen einzulegen.

Im Gegenteil: Familie und Freizeit haben sehr viel höheren Stellenwert als bei vorangehenden Generationen. Arbeit und vor allem Karriere ist deutlich weniger wichtig. Geselligkeit wird eher im privaten Bereich als auf der Arbeit gesucht. [91] Und auch bei den meisten echten Spaßarbeitern ist es vermutlich nur eine Frage weniger Jahre, bis sie sich abends lieber um Familie und Häuschen als um ihren „Score" beim Tischkickern kümmern möchten.

Andere Länder sind uns in solchen gesellschaftlichen Entwicklungen traditionell voraus, zum Beispiel Norwegen: ",Diese langen Mittagessen wie in Deutschland gibt es nicht' ... Stattdessen arbeiten Norweger konzentriert, ohne größere Unterhaltung an der Kaffeemaschine – und kurz."[92]

Was dies für die Arbeitskultur auch bei uns bedeuten wird, lässt sich daher schon heute erahnen:

- Die Mitarbeiter möchten möglichst nur die absolut notwendige Zeit vor Ort verbringen und lieber mehr von zuhause aus oder von unterwegs arbeiten – also völlig allein und mit minimaler, möglichst sachorientierter Kommunikation.

- Diese Mitarbeiter werden wenig Verständnis für „Mätzchen", Emotionen und Befindlichkeiten haben, sondern sich in ihrer Anwesenheitszeit möglichst auf das Wesentliche – also das Sachliche – konzentrieren wollen.

- Daher werden diese Mitarbeiter präzise, unmissverständliche Absprachen von klaren Schnittstellen zwischen allen an einem Projekt Beteiligten einfordern, die es jedem Einzelnen erlauben, seine Aufgaben alleine, ohne große Kommunikation und nach eigener Zeitplanung zu erledigen.

- Die Kommunikation wird sich dadurch weiterhin noch mehr auf schriftliche Medien verlagern. Für die Vermeidung von unnötigen Missverständnissen und Reibungsverlusten ist bei schriftlicher Kommunikation noch mehr als bei mündlicher entscheidend, dass die harten Tatsachen klar und präzise herausgearbeitet werden.

Erwähnenswert in diesem Zusammenhang ist das Buch „Schluss mit Lustig" von Judith Mair,[93] in dem sie nicht nur den Rummel um Soft Skills kritisiert. Sie formuliert auch einen Satz von harten Regeln des Umgangs miteinander, deren Einhaltung die Notwendigkeit für Soft Skills deutlich reduziert. Es mag vielleicht nicht ganz überraschen, dass diese Regeln stark an die allgemeinen Benimm- und Höflichkeitsregeln erinnern aus jener längst vergangenen Zeit, als Soft Skills noch kein angesagtes Thema waren.

12. Ehrlichkeit und Vertrauenswürdigkeit

Traditionell braucht man gute Soft Skills, um andere von der eigenen Ehrlichkeit und Vertrauenswürdigkeit zu überzeugen (unabhängig davon, ob man wirklich ehrlich und vertrauenswürdig ist oder dies nur vortäuschen möchte).

Im Internetzeitalter bekommt das Thema Ehrlichkeit und Vertrauenswürdigkeit eine ganz neue Qualität. Es hat sich inzwischen durchgesetzt, dass Anbieter von Produkten und Dienstleistungen durch Käufer bewertet werden und dass diese Bewertungen für weitere Käufer durchaus kaufentscheidend sind. Hier helfen alle Soft Skills nichts – Vertrauen basiert hier ausschließlich auf echter Leistung, nicht auf schönen Worten.

Vertrauenswürdigkeit wird man immer stärker nicht durch Überzeugungs- oder gar Überredungskunst erreichen, sondern indem man den harten Faktencheck besteht.

13. Wird der Abbau nicht kompensiert?

Oder nicht sogar überkompensiert?

Ich denke, die Antwort auf diese Frage hat die Gesellschaft zu geben. Denn natürlich gibt es sehr großen Bedarf an Tätigkeiten, in denen Soft Skills gefragt sind. Wie wir in Abschnitt 5 gesehen haben, können solche Tätigkeiten zwar noch viel, viel umfangreicher als bisher wegrationalisiert werden. Aber das heißt nicht, dass es so kommen *muss*. Entscheidend wird sein, inwieweit wir in Zukunft bereit sind, viel Geld dafür auszugeben, wenn es doch weitaus kostengünstigere Alternativen gibt. Aufgrund bisheriger Erfahrungen wird man da aber wohl eher pessimistisch sein müssen. In sehr vielen Bereichen wird der direkte Kontakt mit einem Menschen am Schalter anstelle eines Selbstbedienungsautomaten, Internetportals oder Handy-Apps schon heute weit verbreitet als ein teurer Luxus angesehen, der mitunter sogar ziemlich lästig ist, weil man sich nach den meist arbeitnehmerunfreundlichen Öffnungszeiten zu richten hat und vielleicht dafür noch in die Innenstadt fahren und dort einen Parkplatz finden muss. Dabei war dieser „Luxus" bis vor wenigen Jahren noch der Normalfall. Und mit dem Fortschritt der Robotertechnologie – Tamagotchis Erben – hat dieser Wandel auch emotionale und pflegende Tätigkeiten erreicht. Wahrscheinlich werden nur sehr wohlhabende Leute sich den Luxus leisten können und wollen, Menschen für soft-skill-lastige Tätigkeiten zu bezahlen, für die es auch eine IT-basierte billige Alternative gibt.

Andererseits kann es natürlich sein, dass die schöne neue Arbeitswelt ihrerseits neuen, bisher ungeahnten Bedarf an soft-skill-lastigen Tätigkeiten entstehen lässt, die sich *nicht* so leicht durch IT-Lösungen ersetzen lassen, vielleicht sogar ganz neue soft-skill-lastige Berufsfelder. Naturgemäß kann man völlig neue, ungeahnte Entwicklungen nicht vorhersagen, da bleibt es abwarten, was die Zukunft bringen wird.

Schlussendlich könnte natürlich auch in der IT-Industrie selbst neuer Bedarf an Soft Skills entstehen, nämlich gerade weil so viele soft-skill-lastige Tätigkeiten durch IT ersetzt werden. Diese ganzen SB-Automaten, Internetportale und Handy-Apps müssen ja doch irgendwie benutzerfreundlich gestaltet werden, und erst recht müssen die neuen Roboter in allen ihren sichtbaren, hörbaren und fühlbaren Eigenschaften menschengerecht gestaltet werden. Hier besteht unabsehbarer Forschungs- und Entwicklungsbedarf in einem interdisziplinären Forschungsbereich namens *Mensch-Maschine-Interaktion*.[94] Natürlich sind Soft Skills hier massiv vonnöten, denn es geht gerade *nicht* einfach nur um technisch funktionierende Lösungen, sondern die neuen Maschinen müssen auch auf die Bedürfnisse und Befindlichkeiten der Nutzer eingehen, das ist ganz entscheidend für die Akzeptanz. Allerdings spricht einiges dagegen, dass hier die Wegrationalisierung an anderer Stelle auch nur ansatzweise kompensiert werden könnte:

- Wir sehen an existierenden IT-Systemen, dass die Mensch-Maschine-Schnittstellen für ein neu erschlossenes Einsatzgebiet sich schnell standardisieren. Vor 10-15 Jahren noch musste jedes Unternehmen, das seine Produkte im Internet verkaufen wollte, etliche Personenjahre in die nutzergerechte Entwicklung des Internetportals stecken. Heute kann man Lösungen praktisch von der Stange kaufen oder sich auch gleich als Verkäufer bei einem Portal wie ebay.com registrieren. In beiden Fällen kauft man die soft-skill-lastigen Aspekte mit ein und kann sich auf die Produkte und das Kaufmännische konzentrieren. Dies wird in neuen, bislang unvorhergesehenen Einsatzgebieten wohl nicht anders sein.

- Gerade bei der Gestaltung von nutzergerechten Mensch-Maschine-Schnittstellen ist das schon in Abschnitt 5 unter Stichwort „Auftragsvergabe" erwähnte Crowdsourcing eine sehr effektive und zudem extrem kostengünstige Alternative zur Beschäftigung von soft-skill-starken Experten für Kundenbedürfnisse.

Um diese Überlegungen zusammenzufassen: Es ist nicht ausgeschlossen, dass die Soft-Skill-Industrie mit ihren munteren Zukunftsprognosen recht behält. Aber es sieht bis auf weiteres eher nicht danach aus.

Inwieweit sind Soft Skills überhaupt erlernbar?

14. Was können Seminare, Ratgeberbücher etc. überhaupt bringen?

Eine Frage, die eher selten gestellt wird. Vielleicht nicht ohne Grund.

Gut, natürlich gibt es nach jedem Seminar einen Fragebogen, in dem jeder Teilnehmer unter anderem angibt, ob das Seminar ihm etwas gebracht hat. Oft wird diese Frage auch in einer abschließenden mündlichen Diskussionsrunde gestellt. Und natürlich sind die Antworten in der Regel positiv. Aber was besagt das genau?

Lässt sich der Nutzen denn nicht durch Selbstaussagen belegen?

Zunächst einmal sollten wir in aller Deutlichkeit festhalten, dass solche positiven Aussagen der Teilnehmer am Ende von Seminaren eines *nicht* besagen: dass die Teilnehmer hinterher bessere Soft Skills haben und auf dieser Basis besser als bisher in ihrem Berufs- oder Privatleben agieren werden. Denn aus der psychologischen Forschung ist nur zu gut bekannt, dass Selbstaussagen aus verschiedenen kognitiven und motivationspsychologischen Gründen heraus generell alles andere als verlässlich sind. Aus der Wissenschaft ist sogar ganz im Gegenteil bekannt, dass der Zusammenhang zwischen Selbstaussagen und dem gemessenen tatsächlichen Nutzen eher gering ist. Wir werden diese Behauptung im nächsten Abschnitt belegen, nämlich bei der Frage, was die Wissenschaft generell zum Thema sagt.

Schon gar nicht kann man guten *Vorsätzen* trauen, in diesem Fall dem Vorsatz, das soeben frisch Erlernte in der Zukunft konsequent umzusetzen. Die allgemeine Lebenserfahrung lehrt, dass die schönen Lernergebnisse im stressigen Alltag ganz schnell unter die Räder kommen werden, egal wie begeistert und motiviert die Teilnehmer am Ende des Seminars waren.

Selbst nachträgliche Tests, wie viel die Teilnehmer noch wissen, sagen übrigens herzlich wenig darüber aus, inwieweit die Teilnehmer das Gelernte dann auch tatsächlich nutzbringend anwenden, was ja das einzige ist, was wirklich zählt. Auch dies werden wir im nächsten Abschnitt belegen.

Man muss sich zudem die spezielle Situation am Ende eines Seminars vor Augen halten: Die Teilnehmer sind ja nett und möchten dem Seminarleiter „keine 'reinwürgen". Außerdem kann man ja nicht von Anonymität ausgehen, bei Abschlussdiskussionen schon gar nicht, bei „anonym" ausgefüllten Fragebögen angesichts des meist kleinen Teilnehmerkreises aber auch nicht wirklich.

Ist der Nutzen von Seminaren, Ratgebern usw. nicht offensichtlich?

Provokativ geantwortet: Kann schon sein, dass der Nutzen von Seminaren, Ratgebern usw. offensichtlich ist – aber damit ist er noch lange keine Tatsache. *Offensichtlich* besagt überhaupt nichts. Ein einfaches, allseits bekanntes Beispiel: *Offensichtlich* dreht sich die Sonne einmal in vierundzwanzig Stunden um die Erde – trotzdem bekanntlich falsch. Im Grunde kann man Wissenschaft verstehen als den Versuch, das Offensichtliche als trügerisch zu entlarven und die Wahrheit hinter dem Offensichtlichen zu finden. Dass es, um im Beispiel zu bleiben, eben die Erde ist, die sich einmal in vierundzwanzig Stunden um sich selbst dreht, und nicht die Sonne sich um die Erde dreht.

Es gibt aber auch durchaus „offensichtliche" Gründe, den Nutzen von Seminaren und Ratgeberbüchern ernsthaft in Zweifel zu ziehen, so dass die Frage in der Überschrift dieses Absatzes, ob der Nutzen nicht „offensichtlich" ist, sich eigentlich von selbst erledigt:

- Kann es wirklich sein, dass solche punktuellen Maßnahmen wie die Teilnahme an einem Wochenendseminar zu durchgreifenden positiven Verhaltensänderungen führen? Kennen Sie jemanden, bei dem das gelungen ist?

- Ist nicht vieles, was unter dem Begriff Soft Skills vermittelt werden soll, in Wirklichkeit überhaupt keine Kompetenz, sondern innere Einstellung? Und die innere Einstellung soll durch ein Seminar oder ein Buch umgekrempelt werden? Wie das denn – vielleicht durch Gehirnwäsche?

- Wie sehr wirklich auf Soft-Skill-Training vertraut wird, zeigt sich dort, wo es unmittelbar um Geld geht, etwa um Käufern beim Kassieren noch schnell eine Zusatzleistung aufzuschwatzen. Hier werden nicht Soft Skills gelehrt, sondern die aufzusagenden Sprechblasen und sogar die zu zeigenden Grimassen (genannt Lächeln) eingebimst.[95] Warum wohl?

Also die Wissenschaft befragen!

Wir brauchen also systematische Studien, die einerseits wissenschaftlichen Ansprüchen genügen, andererseits aber natürlich auch dem gesunden Menschenverstand nicht zuwiderlaufen. Um die ganze teure Soft-Skill-Industrie zu rechtfertigen, müssten diese Studien sogar durchgängig deutlich positive Ergebnisse zeitigen. Denn beachten Sie:

Die Soft-Skill-Advokaten stehen in der Beweispflicht, ihre ganzen teuren Angebote zu rechtfertigen, Zweifler wie ich haben überhaupt keine Beweispflicht.

Dieser Satz mag nach Haarspalterei aussehen, ist es aber ganz und gar nicht. Es ist ein beliebtes Spiel in Politik, Wirtschaft, Medizin und sonst überall, irgendetwas zu behaupten, aber keine Beweise zu liefern, sondern die Zweifler lautstark aufzufordern, ihre Zweifel bitteschön hieb- und stichfest zu beweisen. Zweifel kann man in der Regel aber nicht hieb- und stichfest beweisen. Das Fehlen einer Widerlegung sieht dann wie ein positiver Beweis aus, was es natürlich ganz und gar nicht ist.

Falls Sie dennoch der Meinung sind, dass ich als Zweifler in der Beweispflicht stehe, dann drehe ich den Spieß einfach um mit der Standardentgegnung: Ich behaupte, Sie persönlich schulden mir noch zehntausend Euro. Sie bezweifeln das? Dann beweisen Sie, dass das nicht stimmt. Wie, Sie können das nicht beweisen? Dann her mit dem Geld!

Sie sehen also, dass die allgemeine Grundregel schon ihren Sinn hat: Wer Behauptungen aufstellt, steht in der Beweispflicht. Wer behauptet, dass sein Seminar oder sein Buch einen echten Nutzen hat, muss das beweisen (ich behaupte übrigens nichts dergleichen über dieses Büchlein und muss Ihnen daher auch nichts beweisen).

Aber nun gut, auch wenn wir als Zweifler eigentlich nicht zuständig sind, wollen wir trotzdem einmal schauen, was die Wissenschaft dazu sagt. Im Lichte der obigen Ausführungen zur Beweispflicht – Sie wissen schon, die Sache mit den zehntausend Euro, die Sie mir schulden – machen wir dabei aber geltend:

Solange es keine hieb- und stichfesten Belege dafür gibt, dass der Nutzen der Soft-Skill-Industrie in einem gesunden Verhältnis zu den Kosten steht, muss es natürlich auch keinen hieb- und stichfesten Beweis für den Zweifel geben.

15. Was sagt die Wissenschaft dazu?

Diverse wissenschaftliche Disziplinen sagen so einiges dazu, vor allem Betriebswirtschaft und Psychologie. Wir betreten damit einen Bereich der Wissenschaft, in dem es extrem schwierig ist, klare, belastbare Erkenntnisse zu gewinnen. Zur Einstimmung müssen wir uns zudem noch etwas klarmachen: In den Medien beziehungsweise von interessierter Seite werden wissenschaftliche Erkenntnisse oft als völlig eindeutig und vorbehaltlos stichhaltig dargestellt. Aber schaut man dann in die Originalstudie hinein, findet man sehr häufig, dass die Studienergebnisse ganz und gar nicht eindeutig und stichhaltig sind, und dass die Autoren der Studie auch gar nicht behaupten, dies wäre so (das Thema hatten wir schon in Abschnitt 4 unter dem Stichwort „Informationen recherchieren und bewerten").

Nun also zu den Soft Skills. Wir werden uns weitgehend auf das Szenario konzentrieren, dass ein Unternehmen Soft-Skill-Maßnahmen für seine Mitarbeiter bucht. Natürlich haben Sie daneben als Privatperson jederzeit die Möglichkeit, sich auf eigene Initiative hin fortzubilden. Wie wir im Folgenden aber noch sehen werden, sind die einzigen Maßnahmen, für deren Wirksamkeit es überhaupt bedenkenswerte Indizien gibt, so aufwändig und teuer, dass die allermeisten Privatpersonen sich wohl keine davon leisten können. Daher ist das Szenario „Unternehmen bucht Maßnahmen für seine Mitarbeiter" das einzig relevante.

Was sollte man als Bewertungskriterium hernehmen?

Als allererstes müssen wir uns die Frage stellen, nach welchem Kriterium wir den Erfolg von Soft-Skill-Maßnahmen überhaupt messen wollen. Häufig genutzt und auch für unsere Betrachtung nützlich ist das Vier-Ebenen-Modell von Kirkpatrick:[96]

- *Reaktion*: Wie gut fanden die Teilnehmer die Trainingsmaßnahme?

- *Lernen*: Welches abfragbare Wissen haben die Teilnehmer später noch parat?

- *Verhalten*: Wie hat sich die Arbeit und das Verhalten der Teilnehmer verändert?

- *Ergebnisse*: Wie hat sich das Unternehmensergebnis verbessert?

Die vierte Ebene – das Unternehmensergebnis – ist natürlich das einzig wirklich relevante Kriterium, wenn ein Unternehmen seine Mitarbeiter zu einer Soft-Skill-Maßnahme abkommandiert. In der englischsprachigen und zunehmend auch in der deutschsprachigen Literatur ist etwas genauer vom *ROI* die Rede. Dieses Kürzel steht für *return on investment*, also inwieweit sich eine Investition hinterher auszahlt. *Investments* sind in diesem Zusammenhang einerseits die Kosten für die Fortbildungsmaßnahme, andererseits Zeitaufwand und Spesen der Teilnehmer. Meistens ist bei *return* an die finanzielle Ertragssteigerung gedacht. Je nach den Zielen und Rahmenbedingungen des Unternehmens kämen aber auch andere Formen von *return* in Betracht, etwa eine Steigerung der Sicherheit bei gefährlichen Tätigkeiten oder eine Verbesserung der Umweltbilanz durch sorgfältigere Arbeit. Aber zur Erreichung solcher Ziele sind in der Regel eher Hard Skills notwendig. Bei Soft Skills reden wir dann doch von rein finanziellen Unternehmensergebnissen, und darauf konzentrieren sich auch wissenschaftliche Untersuchungen in der Regel.

Was ist mit den ersten beiden Ebenen – Reaktion und Lernen?

Obwohl das Unternehmensergebnis (die vierte Ebene) also das einzig relevante Kriterium ist, werden Reaktion, Lernen und Verhalten sehr viel häufiger in Studien untersucht.[97] Der Grund ist einfach: Diese beiden Kriterien sind viel einfacher zu messen, nämlich einfach durch Befragung. Die Betrachtung dieser beiden Kriterien im Hinblick auf den ROI wäre gerechtfertigt, wenn wenigstens eines von beiden stark mit dem Un-

ternehmensergebnis korreliert wäre. Das sind sie aber wohl
beide eher nicht:

**Aussagekräftige Studien, die eine starke Korrelation
zwischen den ersten beiden Kriterien (Reaktion und
Lernen) und wenigstens einem der beiden anderen
Kriterien (Verhalten oder Ergebnisse) bestätigen,
habe ich trotz intensiver Recherche nicht gefunden.**

Sollte es solche Studien geben, die zudem noch positiv ausfal-
len, dann würden sie vermutlich nicht versteckt, sondern ganz
im Gegenteil bei jeder Gelegenheit sehr gerne vorgezeigt werden, so dass ich bei meiner Recherche eigentlich darüber hätte
stolpern müssen.

An dieser Stelle könnte ich als Zweifler die Betrachtung der
ersten beiden Kriterien beenden, da ich nicht in der Beweispflicht stehe. Trotzdem möchte ich noch einen Schritt weitergehen und von negativen Indizien berichten. Ich möchte dazu
beispielhaft auf eine häufig zitierte Meta-Analyse zurückgrei-
fen, die generell Studien über Trainingsmaßnahmen einbe-
zieht, also nicht speziell nur Training von Soft Skills.[98] Grob
gesprochen, ist eine Meta-Analyse eine Gesamtschau aller ver-
fügbaren Studien zu einem Thema, also eine sehr viel aussa-
gekräftigere Quelle als die einzelnen Studien für sich.

Zunächst arbeiten die Autoren in ihrer Meta-Analyse deutlich
heraus, dass das erste Kriterium (Reaktion) in keiner ernst-
haften Beziehung zu den anderen drei Kriterien steht.[99] Das
hatten wir oben in Abschnitt 14 im Prinzip schon festgestellt,
als wir sagten, dass der Nutzen von Soft-Skill-Maßnahmen
sich nicht durch Selbstaussagen belegen lässt. Die Wissenschaft bestätigt hier also die allgemeine Lebenserfahrung.
Weiter stellen die Autoren fest, dass auch das zweite Kriterium (Lernen) keine Aussagekraft für Verhalten und Ergebnis
hat,[100] was wir in Abschnitt 14 ebenfalls schon gemutmaßt
hatten.

Wie gesagt, berücksichtigt diese Meta-Analyse Trainings von verschiedenen Arten von Skills, nicht nur Soft Skills. Eine Meta-Analyse speziell nur zu Soft-Skill-Trainings kenne ich nicht. Aber das ist kein Einwand gegen das bisher Gesagte. Um das zu erläutern, müssen wir einen kleinen Vorgriff auf Abschnitt 19 machen. Dort vergleichen wir *Hard/Soft Skills* mit sogenannten *Closed/Open Skills*. Kurz gesagt, sind Closed Skills Fähigkeiten, die man unmittelbar nach dem Erlernen anwenden kann, beispielsweise die stupide Befolgung immer derselben kurzen Prozedur. Open Skills hingegen sind Fähigkeiten, bei denen man zur Umsetzung in der Praxis noch einige Pfiffigkeit benötigt. Soft Skills sind sicherlich Open Skills (umgekehrt nicht unbedingt). Warum ist das jetzt wichtig: Nun, in einer anderen Meta-Analyse[101] wird noch einmal etwas festgestellt, was auch der allgemeinen Lebenserfahrung entspricht, nämlich dass Open Skills sehr viel schwieriger zu vermitteln sind. Genauer gesagt kam dort zutage, dass der Trainingserfolg bei Open Skills sehr viel stärker als bei Closed Skills von den Voraussetzungen der Trainingsteilnehmer abhängt, insbesondere von ihrer Intelligenz. Daher ist davon auszugehen, dass die oben aus der erstgenannten Meta-Analyse zitierten Ergebnisse für Soft Skills mindestens genauso stark gelten wie für andere Skills.

Also die dritte und vierte Ebene: Verhalten und Ergebnisse (ROI)

Fangen wir mit dem ROI an, die dritte Ebene (Verhalten) wird ganz automatisch in die Diskussion hineinkommen.

Leider ist der ROI extrem schwierig zu messen. Man kann nicht einfach hergehen und schauen, wie viel das Unternehmen oder die Abteilung nach der Trainingsmaßnahme mehr gegenüber vorher erwirtschaftet hat. Das Problem ist, genau zu trennen, inwieweit man eine Verbesserung des Unternehmensergebnisses tatsächlich der Trainingsmaßnahme zurechnen kann beziehungsweise inwieweit sie andere Ursachen hat.[102]

So kann die Entwicklung des Unternehmensergebnisses schon vor der Trainingsmaßnahme positiv gewesen sein, so dass die im Vergleich vor/nach Training festgestellte Verbesserung wahrscheinlich eher diesen positiven Trend fortschreibt und daher nicht auf das Training zurückzuführen ist. Eine seriöse Untersuchung müsste sich auch die Entwicklung des Unternehmensergebnisses in den Jahren *vor* der Trainingsmaßnahme anschauen.

Auch wenn erst nach der Trainingsmaßnahme eine positive Entwicklung einsetzt oder eine vorher schon vorhandene positive Tendenz sich nach der Trainingsmaßnahme noch deutlich verstärkt, kann dies immer noch auf andere Faktoren zurückzuführen sein. Die Geschäftsleitung wird vermutlich nicht Soft-Skill-Trainings einführen und ansonsten in dieser Zeit Däumchen drehen. Sondern sie wird permanent Maßnahmen verschiedenster Art zur Verbesserung des Unternehmensergebnisses treffen. Das gilt gerade für eine Geschäftsführung, die so agil und aufgeschlossen ist, dass sie Soft-Skill-Training in ernsthaftem Umfang in einem Unternehmen einführt, in dem es so etwas vorher nicht gab. Eine solche agile, aufgeschlossene Geschäftsleitung wird vielleicht sogar allein schon durch ihren anderen Leitungsstil höhere Motivation und damit bessere Unternehmensergebnisse erreichen. Welche der vielen zeitgleich getroffenen Maßnahmen und veränderten Umstände nun für den Erfolg tatsächlich verantwortlich ist, wird sich kaum feststellen lassen.

Dieses Problem demonstriert exemplarisch die vielzitierte EU-Studie *Skills, Development & Performance*.[103] Zeitgleich zu den Soft-Skill-Trainings wurden auch ganz anders geartete Maßnahmen umgesetzt, die sicherlich großen positiven Einfluss haben: neue Fahrzeuge, Anlagen und Ausrüstung sowie umfangreiche Revision der Systeme, Strukturen und Prozesse (Details auf Seite 20 des Reports). An verschiedenen Stellen (Seite 5, Seite 20...) weisen die Autoren daher zu Recht darauf hin, dass man die Effekte dieser verschiedenen Maßnahmen eigentlich nicht voneinander trennen kann, so dass man die

Effekte der Soft-Skills-Maßnahmen nicht wirklich beziffern kann.[104]

Um den Effekt von Soft-Skill-Maßnahmen von anderen Effekten zu trennen, wird man daher nicht umhinkommen, die beobachtete Gruppe wie in medizinischen Studien nach striktem Zufallsprinzip in zwei Teilgruppen zu zerlegen. Die eine Teilgruppe lässt man an den Maßnahmen teilnehmen, die andere nicht, darüber hinaus werden beide Gruppen gleich behandelt. Dann kann man schauen, wie unterschiedlich sich die Unternehmensergebnisse aus beiden Gruppen entwickeln, und daraus Rückschlüsse auf den Mehrwert der Soft-Skill-Maßnahme ziehen.

Das mit den zwei Teilgruppen funktioniert aber auch nur unter bestimmten Umständen. Und hier kommt jetzt die dritte Ebene (Verhalten) wie oben versprochen ins Spiel. Es gibt durchaus spezifische Verhaltensweisen der einzelnen Mitarbeiter, die unmittelbare und leicht messbare finanzielle Konsequenzen für das Unternehmen haben, beispielsweise Fluktuation (also wie viele Mitarbeiter kündigen), Krankheitszeiten und ähnliches. Auf der Einnahmeseite bringt der Vergleich zweier Teilgruppen nur dann valide Erkenntnisse, wenn Ertragssteigerungen den einzelnen Mitarbeitern unzweideutig zugeordnet werden können, zum Beispiel die Abschlüsse, die einzelne Verkäufer im Alleingang erzielt haben. Allerdings muss eingeschränkt werden, so klar ist das dann auch wieder nicht, denn mehr Abschlüsse bedeuten nicht zwangsläufig höhere Erträge. Wenn beispielsweise ein Versicherungsvertreter mehr Abschlüsse tätigt, weil er viele Leute dank seiner Soft Skills zum Abschluss von ungeeigneten Versicherungen überreden kann, und wenn die Leute dann hinterher reihenweise die Verträge wieder kündigen oder sogar vor Gericht ziehen, dann war die ganze Aktion nicht ungeteilt positiv für das Unternehmen – um es zurückhaltend zu formulieren.[105] Noch schlimmer etwa beim Thema Kredite: Wenn mehr Kreditabschlüsse dadurch zustande kommen, dass die falschen Leute von der Aufnahme eines Kredits überzeugt werden, kann diese „Steigerung des ROI" den Finanzanbieter später noch teuer zu stehen kommen.[106]

Schließlich muss auch noch der *Hawthorne-Effekt*[107] ausgeschlossen werden, was extrem schwierig, aber unbedingt notwendig ist. Worum geht es bei diesem Effekt: Natürlich bekommen die Teilnehmer einer Studie mit, dass ihr Verhalten zu wissenschaftlichen Zwecken beobachtet wird (zumindest in Deutschland müssen sie sogar einwilligen). Dieses Wissen hat Auswirkungen: Man verhält sich unter Beobachtung einfach anders als sonst, zum Beispiel strengt man sich mehr an. Dass dies die Untersuchungsergebnisse beliebig verfälschen kann, liegt auf der Hand. Es ist auch wissenschaftlich gut belegt, dass die Ergebnisse sogar völlig wertlos werden können, wenn der Hawthorne-Effekt nicht angemessen behandelt wird. Dieser Effekt schlägt auch zu, wenn man die Gruppe wie oben beschrieben in zwei Teilgruppen zerlegt, so dass die eine Teilgruppe mitmacht und die andere nicht, denn natürlich bekommt jeder mit, ob er in der Mitmachgruppe ist oder nicht.

Eine Studie zur Wirksamkeit von Soft-Skill-Maßnahmen, die alle diese Aspekte wenigstens annähernd angemessen berücksichtigt, ist mir trotz intensiver Recherche noch nicht untergekommen.

Auch hier gilt wieder: Sollte es eine solche Studie geben, wäre anzunehmen, dass die Soft-Skill-Industrie sie einem bei jeder Gelegenheit unter die Nase reiben würde, so dass man im Umkehrschluss wohl guten Gewissens davon ausgehen kann, dass ich nicht schlecht recherchiert habe, sondern dass eine solche Studie tatsächlich nicht existiert.

Hinzu kommt, dass das Ergebnis einer einzelnen Studie immer auch ein Zufallsergebnis sein kann, es gibt in der Statistik halt immer einen großen Unsicherheitsfaktor. Daher reicht eine einzige Studie eigentlich gar nicht aus, es müssten schon mehrere voneinander unabhängige sein oder alternativ eine sehr groß angelegte Studie, die mehrere voneinander unabhängige

Fallbeispiele umfasst. Die Ergebnisse müssten natürlich auch noch weit überwiegend positiv sein, und es darf dabei keine Studie mit eher negativem Ergebnis unter den Tisch fallen.

Alles das gibt es nicht. Mit ihren Umsätzen könnte die Soft-Skill-Industrie umfangreiche Studien durchaus finanzieren, die diesem Ideal zumindest einigermaßen nahekommen. Aber offenbar ist der Druck der Kunden, die Wirksamkeit schlüssig und überzeugend zu beweisen, nicht groß genug. Anders herum gesagt: Ausreichend viele potentielle Kunden lassen sich von reinen Werbesprüchen „überzeugen", ein weiteres Beispiel für eklatante Mängel an *Hard* Skills.

Ist die Faktenlage wirklich so ungeteilt negativ?

Nein, nicht ganz. Es gibt vereinzelte, isolierte Erfolgsgeschichten, die zwar nicht alle oben skizzierten Anforderungen an Studien erfüllen, aber diesem Ideal dennoch immerhin so nah kommen, dass wir sie hier nicht ignorieren sollten. Allerdings legen diese Studien recht eindeutig den Schluss nahe, dass man – wenn überhaupt – nur dann vielleicht einen positiven Effekt in angemessenem Umfang von einer Soft-Skill-Maßnahme erwarten darf, wenn diese Maßnahme passgenau auf die konkrete Situation und die spezifischen Anforderungen im Unternehmen zugeschnitten ist und dafür intensiv und gründlich vorbereitet wurde. Mit anderen Worten: Wir reden von sehr teuren und extrem aufwändigen Maßnahmen.

Nach Stand der Forschung ist sehr stark zu bezweifeln, dass einfache Standardmaßnahmen wie Seminare oder das Lesen von Ratgeberbüchern einen positiven Einfluss auf Soft Skills haben.

Stellvertretend möchte ich kurz eine Studie aus dem *Training Journal* betrachten, die mir persönlich recht gut gefallen hat, obwohl auch sie die oben ausgeführten Anforderungen nicht wirklich angemessen erfüllt.[108]

Wir üblich, begleitete diese Studie eine Soft-Skill-Maßnahme in einem Unternehmen, an der eine größere Zahl von Mitarbeitern teilnahm. Bemerkenswert ist, dass der Soft-Skill-Anbieter sich vorab viel Zeit genommen hat – genauer gesagt, das Unternehmen der Beratungsfirma entsprechend viel Zeit bezahlt hat –, um in vielen, intensiven Gesprächen mit den betroffenen Mitarbeitern und dem Management die wahren Probleme und Bedürfnisse herauszufinden und dem Management aufzuzeigen, dass seine Vorstellungen unausgegoren waren und daher ganz andere Maßnahmen als die vom Management angedachten notwendig sind. Ein vorbildliches – aber auch sehr teures – Beispiel von vorheriger Anforderungsanalyse.[109]

Das ursprüngliche Anliegen des Managements war die Verbesserung von *assertiveness*, was im Englischen ein sehr unspezifischer, vielschichtiger Begriff ist und mit *Selbstbehauptung* oder *Durchsetzungsfähigkeit* nur ungenau ins Deutsche übersetzt wird. In den oben erwähnten Gesprächen schälte sich folgender Katalog von konkreten Kompetenzen heraus, an denen gezielt angesetzt werden sollte: aktives Zuhören, Perspektivenwechsel (*reframing*), Grenzen ziehen, Ziele setzen, Loben und Tadeln. Zumindest die ersten beiden Kompetenzen lassen sich nur sehr bedingt unter *assertiveness* einordnen, das heißt, die Vorstellungen des Managements waren nicht nur zu präzisieren, sondern mussten teilweise auch ergänzt werden.

Das eigentliche Training umfasste dann sechs volle Arbeitstage, verteilt über ein ganzes Jahr. Während dieses Jahres wurden die Veränderungen bestimmter Kenngrößen erhoben: Vermeidung von teuren Zugeständnissen an energische Kunden, geringere Notwendigkeit von disziplinarischen Maßnahmen wegen aggressiver oder passiver Arbeitshaltung, allgemeine Produktivitätssteigerung, Verminderung von Fehlzeiten und Verringerung der Fluktuation (also weniger Mitarbeiter, die kündigen).

Ergebnis war, dass die Kosteneinsparung allein schon im Beobachtungszeitraum mehr als doppelt so hoch wie der Gesamtaufwand für die Trainingsmaßnahme war, langfristige Effekte jenseits des Beobachtungszeitraums sind wahrscheinlich. Falls die Kosteneinsparung überwiegend der Verbesserung der Soft Skills zuzurechnen ist, wäre der ROI positiv, die Soft-Skill-Maßnahme also als Erfolg zu werten.

Positiv zu erwähnen ist, dass die Gruppe tatsächlich in zwei Teilgruppen wie oben beschrieben zerlegt wurde, so dass genau unterschieden werden kann, inwieweit die Entwicklung der Kosten sich auf die Soft-Skill-Maßnahme beziehungsweise inwieweit sie sich auf andere Ursachen zurückführen lässt.

Als wichtigster Kritikpunkt bleibt aber, dass der oben erläuterte Hawthorne-Effekt überhaupt nicht berücksichtigt wurde. Es ist unklar, inwieweit der Hawthorne-Effekt hier zum Tragen gekommen sein könnte. Meine Vermutung angesichts der bemerkenswerten Kosteneinsparung und der Vielfalt der gemessenen Kriterien ist, dass das Ergebnis überwiegend tatsächlich der Verbesserung der Soft Skills zuzurechnen ist.

Bei aller Vorsicht können wir also festhalten, dass Soft-Skill-Maßnahmen tatsächlich etwas bringen können. Leider muss dennoch festgestellt werden:

Eine wissenschaftlich abgesicherte Handhabe für die Entscheidung, ob eine bestimmte Maßnahme wirksam im eigenen Unternehmenskontext wäre und ob der Anbieter der Maßnahme diese Wirksamkeit tatsächlich erzielen kann, bieten solche isolierten Resultate nicht.

Allerdings demonstriert diese beispielhafte Studie auch, wie viel Aufwand an Zeit und Geld und wie viel scharfsinnige Überlegung für einen solchen Erfolg offenbar notwendig sind. Auch die schon zitierte EU-Studie *Skills, Development & Performance*[110] macht übrigens deutlich klar, dass es nach ihren Erkenntnissen keine schnelle, einfache Lösung gibt.

Es gibt keinen ernstzunehmenden Hinweis darauf, dass Ratgeberbücher, Seminare usw. überhaupt etwas bringen, die Indizien sprechen eher dagegen.

Abschließende Bemerkung

Der Gerechtigkeit halber: Man kann nicht wirklich fordern, dass die Behauptungen der Soft-Skill-Industrie so überzeugend bewiesen werden, wie es notwendig wäre, um sie volkswirtschaftlich und betriebswirtschaftlich zu rechtfertigen. Dazu ist dieses Gebiet zu komplex und unübersichtlich. Man kann von den Protagonisten des Themas Soft Skills nicht einmal fordern, die eigentlich geziemende Bescheidenheit und Bereitschaft zur Relativierung ihrer Werbesprüche an den Tag zu legen, das schaffen nur Heilige.

Also müssen eben Sie – der Leser und die Leserin dieses Büchleins – diese Relativierung für sich vornehmen. Dieser Abschnitt hat aufgezeigt, dass auch die Wissenschaft eher eine kritische Haltung nahelegt.

Was tun ...

16. ... mit Hard Skills?

Erinnern Sie sich an Abschnitt 4, „Welche schlimmen Konsequenzen haben die flächendeckend verbreiteten Defizite an *Hard* Skills?" Unser aller Mangel an Hard Skills wird tagtäglich ausgenutzt, um uns nach Strich und Faden zu belügen und zu betrügen, anders kann man es eigentlich nicht mehr sagen. Dass weder Schule noch Ausbildung noch Studium versuchen dem entgegenzuwirken, ist skandalös. Sie und ich, wir werden in unserer Rolle als Konsumenten, Anleger, Mieter, Häuslebauer usw. nur sehr unzureichend und auch nur punktuell geschützt und aufgeklärt. Eine grundsätzliche Verbesserung der Misere ist nicht in Sicht. Wir müssen uns auf eigene Faust wappnen.

Selbstständig recherchieren

Dazu gehört natürlich zuallererst, dass Sie sich selbstständig informieren. Ziel führend zu recherchieren, um eine möglichst gute Entscheidung zu treffen, ist eine elementare Kulturtechnik geworden. Mangelnde Recherchekompetenz ist gefährlich für Gesundheit und Geldbeutel. Leider wird diese neue Kulturtechnik weder in der Schule noch sonst wo gelernt. Ob Verkäufer, Mediziner, Politiker oder Journalist – niemand hat so recht Interesse an aufgeklärten Bürgern, die sich selbst kritisch-analytisch informieren. Nur Idealisten ermuntern ihre Kunden, Patienten, Wähler und Leser zum kritischen Mitdenken.

Wenn Sie sich durch eigene Recherche in ein Thema einarbeiten wollen, stehen sie erst einmal vor einer hohen Wand. Dass Sie heutzutage das Internet nutzen können und nicht in Bibliotheken und Archiven herumstöbern müssen, macht diese

Wand vielleicht ein bisschen niedriger, aber zugleich wird die Oberfläche der Wand – um im Bild zu bleiben – glitschiger und rutschiger. Ein paar Tipps können aber schon viel helfen, um griffige Stellen zum Hochklettern zu finden. Im Folgenden finden Sie meine Tipps.

Suchmaschinen sind in Verruf geraten, weil sie häufig Müll liefern und das, was brauchbar ist, auch noch tendenziös filtern. Das ist natürlich das Letzte, was Sie gebrauchen können, wenn Sie sich möglichst objektiv informieren wollen. Aber mit etwas Geschick können Sie auch Ihre Lieblingssuchmaschine zu einem effektiven Instrument machen:

- Schauen Sie sich nicht nur die ersten paar Treffer an, sondern gehen Sie bei wichtigen Suchanfragen grundsätzlich mehrere Seiten der Trefferliste durch.

- Wenn Ihre Suchmaschine Ihnen erlaubt, nach einem Teil eines Wortes zu suchen, dann suchen Sie nach Wortstämmen. Also suchen Sie beispielsweise nach „such", wenn Sie „suche", „suchen" und „Sucher" und vielleicht außerdem die vielen zusammengesetzten Wörter wie „Suchspiel", „Suchrätsel", „Suchstrategie" usw. erwischen wollen.

- Starten Sie auf jeden Fall mehrere Suchanfragen mit unterschiedlichen Wortkombinationen. Suchen Sie in den Treffern einer Suchanfrage nach Fachbegriffen, die Sie für die nächste Suchanfrage verwenden können. Gerade wenn Sie ganz neu in einem Gebiet sind, starten Sie wahrscheinlich mit ungeschickt gewählten Suchwörtern. Aber die Chancen stehen gut, dass Sie in den Treffern die passenden Suchwörter finden werden.

- Bei einem Begriff, der mehrere Bedeutungen hat, kann die Möglichkeit hilfreich sein, alle Seiten auszufiltern, die einen oder mehrere unerwünschte Begriffe enthalten. Ein einfaches, fiktives Beispiel ist die „Bäckerei Müller", die es zweimal geben mag, in A-Stadt und in B-Dorf. Zur Bäckerei in A-Stadt gibt es einen professionellen Internetauftritt, und da Bäcker Müller Bürgermeister von A-Stadt und Parteivorsitzender im Landkreis ist, bekommen Sie hunderte

Treffer zu „Bäckerei Müller" aus A-Stadt. Die wenigen Treffer für Bäcker Müller in B-Dorf kommen irgendwo unter ferner liefen. Wenn Sie sich für Bäcker Müller in B-Dorf interessieren, wird es wahrscheinlich nicht ideal sein, B-Dorf in die Suchanfrage hineinzunehmen, weil Sie dann keine Treffer für Bäcker Müller in B-Dorf erhalten, in denen B-Dorf *nicht* erwähnt wird. Um diese zu finden, wäre eine zweite Suchanfrage wahrscheinlich Ziel führend, in der Begriffe wie „A-Stadt" und „Parteivorsitzender" aus der Trefferliste ausgeschlossen sind.

- Ihre Suchmaschine wird Ihnen viele Verweise auf Internetforen liefern. Die Qualität von Forumsbeiträgen ist bekanntlich sehr durchwachsen – um es sehr, sehr vorsichtig zu formulieren. Sie sollten daher kein Wort glauben. Aber: Internetforen geben meist einen guten Überblick über die verschiedenen Meinungen, die so kursieren, und über die Argumente, mit denen diese Meinungen begründet werden. Sammeln Sie die Meinungen und Argumente auf, dann wissen Sie zumindest detailliert, worüber Sie sich eine eigene Meinung zu bilden haben. Außerdem sind Internetforen auch eine gute Quelle für weitere vielversprechende Suchbegriffe.

- Versuchen Sie immer und für alles, was relevant ist, den offiziellen, genormten Begriff zu identifizieren. Verwenden Sie möglichst nur diesen, auch wenn er vielleicht etwas sperrig ist. Benutzen Sie beispielsweise immer den Begriff „effektiver Jahreszinssatz" und nicht irgendeine einfachere Formulierung, wenn es um Kreditzinsen geht. Nageln Sie auch Ihr Gegenüber auf diesen Begriff fest. Damit hat Ihr Gegenüber keine Möglichkeit, heimlich die Begriffe anders zu interpretieren als Sie, denn bei einer falschen Verwendung der offiziellen, genormten Begriffe können Sie im Falle des Falles aussichtsreich Schadensersatz einfordern. Sie müssen sich dann natürlich auch selbst im Klaren sein über die exakte Bedeutung der Begriffe.

- Wann immer in den Medien über die Ergebnisse einer wissenschaftlichen Studie berichtet wird: Glauben Sie dem Bericht nicht, Punkt.[111] Wenn das Ergebnis dieser Studie für Sie wirklich wichtig ist, versuchen Sie, sich die Originalstudie zu besorgen. Nur sehr selten sind genaue Verweise auf zitierte Studien zu finden, in den meisten Fällen ist nur blumig von einer Studie des so-und-so-Instituts zu dem-und-dem Thema die Rede oder so ähnlich. Immerhin können Sie aus diesen spärlichen Informationsbrocken eine Suchanfrage machen und Ihr Glück mit einer Suchmaschine versuchen. Falls Sie fündig geworden sind und die Originalstudie vorliegen haben, lesen Sie wenigstens die Zusammenfassung (neudeutsch *Executive Summary*), möglichst auch Abschnitte, die mit „Diskussion", „Schlussfolgerungen" und ähnlichem betitelt sind. Ich kann es leider nicht ändern: Relevante Studien werden häufig nur in Englisch publiziert, da müssen Sie dann durch.

- Schlagen Sie alle Fachbegriffe nach, die für Ihre Entscheidungsfindung relevant sein könnten. Man glaubt intuitiv, einen Fachbegriff zu verstehen, macht sich aber nicht klar, dass die exakte Definition häufig subtil anders ist, im Einzelfall mit dramatischen Konsequenzen.

Ein illustratives Beispiels hatten wir schon in Abschnitt 4 unter dem Stichwort „Subtiles juristisches Verständnis": Vorsatz bedeutet eben nicht nur, dass man absichtlich etwas tut, sondern beinhaltet auch den *Eventualvorsatz*, also die Bereitschaft, ein ernsthaftes Risiko einzugehen. Ein weiteres schönes Beispiel aus anderer Ecke: Wenn etwa ein medizinisches Ergebnis „statistisch signifikant" ist, dann heißt das nicht allzu viel. Eine ausreichend große Zahl an Versuchspersonen (oder Mäusen) vorausgesetzt, kann es im Extremfall heißen, dass die Therapie in einem Prozent aller Fälle zu einer Verbesserung führte und bei 99% kein Unterschied festzustellen war. Für die Frage, ob man die Nebenwirkungen wirklich auf sich nehmen will, ist das wohl keine ganz unerhebliche Information, die Sie meist nur in der Originalstudie finden, und auch dort meist nicht so leicht zu entdecken.

Für die meisten Fachbegriffe in den verschiedensten Fachrichtungen ist die Wikipedia meines Erachtens inzwischen die beste Quelle. Aber machen Sie sich klar, dass auch in Wikipedia nicht alles wahr ist. Zum Nachprüfen finden Sie üblicherweise gute Verweise am Ende einer Wikipedia-Seite.

Natürlich kostet die Einhaltung dieser Regeln viel Zeit und Mühe. Aber mit der Zeit wächst Ihre Erfahrung, und Sie suchen viel effizienter und effektiver als beim ersten Mal.

Verfallen Sie aber nicht in den Irrtum, sich selbst hinterher für klüger als die Experten zu halten (auch wenn das hin und wieder sogar zutreffen mag):

Selbstrecherchiertes Wissen reicht nicht unbedingt aus, selbst die richtigen Antworten zu finden. Auf jeden Fall hilft es Ihnen, Ihrem Gegenüber die richtigen *Fragen* zu stellen und dann seine Antworten zu beurteilen.

Grundregeln

Beherzigen Sie zudem ein paar einfache Grundregeln in Berufs- und Privatleben. Da das Thema dieses Büchleins ein anderes ist, kann und will ich hier kein Trainingsprogramm aufstellen, sondern nur einen Ausblick geben auf das nächste Thema, dem ich mich nach Soft Skills widmen möchte:

- Glauben Sie nichts, aber auch gar nichts ohne strenge eigene Nachprüfung. Glauben Sie auch keine „wissenschaftlichen" Ergebnisse. Glauben Sie auch Zertifikaten oder Rankings nicht unbesehen (vergleiche Stichwort „Informationen recherchieren und bewerten" in Abschnitt 4).

- Glauben Sie erst recht keinen Medienberichten, auch nicht in sogenannten „Qualitätsmedien". Aus eigener Anschauung muss ich leider feststellen, dass selbst „Qualitätsmedien" regelmäßig absoluten Unsinn schreiben bei den Themen, wo ich das aufgrund meines Hintergrundwissens nachprüfen kann. Ich vermute, dies ist nicht zufälligerweise speziell bei meinen Themen so, sondern bei anderen Themen ebenfalls, nur dass ich es bei anderen Themen halt nicht nachprüfen kann.

- Berücksichtigen Sie unverbindliche Aussagen grundsätzlich nicht in ihrer Entscheidungsfindung. Entfernen Sie mündlich gegebene Versprechen und auch schriftliche Aussagen ohne offiziellen Charakter generell aus Ihrem Gedächtnis, bevor Sie Ihre Entscheidung treffen. Bei Aspekten, die Ihnen wichtig sind, fragen Sie Ihr Gegenüber, ob er bereit ist, seine Behauptungen auch offiziell schriftlich zu fixieren. Wenn er Nein sagt, geben Sie ihm bei diesem Aspekt ein Minus. Sagt er mehrmals Nein, sollte Ihnen das zu denken geben.

- Unterschreiben Sie niemals sofort im Beisein des Vertragsanbieters, sondern machen Sie es sich zur grundsätzlichen Regel, erst hinterher im stillen Kämmerlein die Entscheidung zu treffen. Lassen Sie lieber eine günstige Gelegenheit vorbeigehen, als dass Sie ohne reifliche Überlegung eine schwerwiegende Entscheidung treffen. Sagen Sie das dem Gegenüber auch genau so, zum Beispiel: „Ich unterschreibe niemals Verträge sofort und nehme dafür in Kauf, dass ich günstige Gelegenheiten verpasse. Auch hier mache ich davon keine Ausnahme." Viel kann Ihr Gegenüber dagegen nicht mehr sagen. Und so günstig sind die Angebote, bei denen Sie sich schnell entscheiden müssen, bekanntlich meist nicht, eher sogar versteckt teuer.

- Stellen Sie sich bei jeder wichtigen Entscheidung die Frage, ob die Informationen, die Ihr Gegenüber Ihnen bereitwillig gibt, auch wirklich die Informationen sind, die Sie benötigen, um sich nicht falsch zu entscheiden:

  o Wenn Ihnen jemand etwas von irgendwelchen einzelnen Vorteilen oder Vergünstigungen vorschwärmt, bohren Sie nach, was *unterm Strich* herauskommt, also wenn man *alle* Vor- und Nachteile sammelt und gegeneinander abwägt.

  o Wenn Ihr Gegenüber Ihnen so etwas wie eine Rendite präsentiert, machen Sie sich klar, ob das auch tatsächlich das ultimative Endergebnis ist, oder ob nicht doch noch weitere Gebühren, kreativ gestaltbare Umrechnungen und ähnliches fällig werden, um zum ultimativen Endergebnis zu gelangen.

  o Forschen Sie penibel nach und urteilen Sie dann selbst, als wie sicher oder unsicher Sie die immer optimistischen Prognosen Ihres Gegenübers einschätzen. Fragen Sie Ihr Gegenüber ruhig nach seiner Einschätzung, aber übernehmen Sie diese nicht kritiklos.

  o Wenn Ihnen jemand ein Angebot macht und dieses Angebot mit Alternativen vergleicht, fragen Sie ihn, aber auch sich selbst, ob es nicht vielleicht noch andere Alternativen gibt. Wenn Ihnen der Vergleich mit weiteren Alternativen zu komplex wird, fordern Sie doch einfach den Anbieter auf, den Vergleich für Sie zu erarbeiten und Ihnen verständlich darzustellen.

- Gehen Sie bei jeder Entscheidung von Tragweite strikt systematisch vor und fixieren Sie Ihre Überlegungen vor allem auch schriftlich:

  o Welche verschiedenen Optionen haben Sie überhaupt? Es gibt sicher noch weitere Optionen, an die Sie bislang gar nicht selbst gedacht haben. Wie können Sie weitere Optionen entdecken (Recherchen, Gespräche...)?

  o Zu jeder Option: Was sind die finanziellen Konsequenzen? Was sind die objektiven Konsequenzen für das eigene Leben (z.B. für die Gesundheit)? Was sind die emotionalen Konsequenzen, also die Konsequenzen für Ihr subjektives Wohlbefinden? Gibt es weitere Konsequenzen, an die Sie bislang nicht gedacht haben, und wie können Sie diese entdecken?

o Zu jeder Konsequenz: Wie gewichtig ist diese Konsequenz voraussichtlich? Wie wahrscheinlich wird diese
  Konsequenz eintreten? Was passiert im schlimmsten an-
  zunehmenden Fall?

o Lesen Sie sich die Ergebnisse immer wieder durch, um
  sie fest in Ihren Kopf hineinzubekommen. Spielen Sie
  damit im Kopf herum, denken Sie hin und her. Sprechen
  Sie wenn möglich auch mit anderen darüber. Sie kommen nach und nach zu einem Gesamtbild, in dem sich die
  „richtige" Entscheidung abzeichnet.

o Sollte sich kein klarer Favorit abzeichnen, wägen Sie Ihre
  diversen Entscheidungskriterien noch einmal gegeneinander ab. Falls immer noch zwei oder mehr Optionen
  übrigbleiben, zwischen denen Sie sich nicht entscheiden
  können, ist das ein starkes Indiz dafür, dass Sie letztendlich keine Grundlage haben, sich für die eine oder andere
  Option zu entscheiden. Dann – und nur dann – entscheiden Sie rein nach Bauchgefühl.

o Hinterfragen Sie aber permanent während des gesamten
  Prozesses, ob Ihr momentaner Favorit wirklich die richtige Entscheidung ist, indem Sie sich immer wieder in Er-
  innerung rufen, was so alles *gegen* Ihre favorisierte Option spricht. Machen Sie es sich nicht zu leicht und seien
  Sie Ihr eigener hartnäckigster Kritiker!

Sie sagen jetzt vielleicht, Sie haben keine Zeit, sich alle Entscheidungen derart reiflich zu überlegen. Sie können sich einfach nicht bei jedem Thema so intensiv einarbeiten, Sie haben
ja schließlich noch anderes zu tun, und irgendwann müssen
Sie ja auch einmal schlafen.

Alles natürlich richtig. Aber vielleicht liegt das Problem doch
eher woanders, nämlich in der Prioritätensetzung? Speziell in
Deutschland wird wie selbstverständlich erwartet, dass man
zu allem und jedem eine Meinung hat – müssen Sie das mitmachen? Bei den allerallermeisten Themen ist es doch wirklich nicht wichtig, dass Sie sich eine fundierte Meinung dazu
bilden. Na, dann bilden Sie sich zu einem solchen Thema ein-

fach überhaupt keine Meinung und fertig. Die so gesparte Zeit investieren Sie gezielt in die Recherche zu den ganz wenigen Themen, bei denen eine falsche Entscheidung wirklich ernsthafte Konsequenzen hätte – für Ihre Finanzen, für Ihre Gesundheit oder für die Umstände, unter denen Sie leben, arbeiten und wohnen.

Weitere Lektüre

Zum Glück gibt es eine ganze Reihe von hilfreichen Büchern, die gut lesbar und gut verständlich und bisweilen sogar unterhaltsam sind. Ich zähle hier nur ein paar auf, die meines Erachtens eine gute Einstiegslektüre sind. Natürlich werden Sie noch viele weitere gute Einstiegsbücher finden, die vielleicht sogar besser zu Ihnen persönlich passen, wenn Sie selbst im Buchladen oder im Internet auf Suche gehen.

- Jochen Mai und Daniel Rettig. Ich denke, also spinn ich – warum wir uns oft anders verhalten, als wir wollen. DTV, 2011

- Rolf Dobelli. Die Kunst des klaren Handelns – 52 Denkfehler, die Sie besser anderen überlassen. Hanser, 2011

- Rolf Dobelli. Die Kunst des klugen Handels – 52 Irrwege, die Sie besser anderen überlassen. Hanser, 2012

- Walter Krämer. So lügt man mit Statistik. Campus, 1991[112]

- Gerd Gigerenzer. Das Einmaleins der Skepsis – über den richtigen Umgang mit Zahlen und Risiken. Berlin Verlag, 2002

- Gerd Bosbach und Jens Jürgen Korff. Lügen mit Zahlen – wie wir mit Statistiken manipuliert werden. Heyne, 2011

- David H. Freeman. Falsch! Warum uns Experten täuschen und wie wir erkennen, wann wir ihnen nicht trauen sollten. Riemann Verlag München, 2010

- Robert Levine. Die große Verführung: Psychologie der Manipulation. Piper, 2003

- Die Verbraucherzentralen publizieren kleine, kompakte, meist gut verständliche Bücher zu vielen verschiedenen Themen. Das schon oben erwähnte Schwarzbuch zu Banken und Finanzvertrieben ist nur ein Beispiel.[113] Ebenso sind viele Bücher aus Fernsehredaktionen empfehlenswert, etwa aus den ARD-Ratgebersendungen oder die Begleitbücher zu WISO vom ZDF.

- Die diversen Markt- und Ratgebermagazine im Fernsehen enthalten sehr viele wichtige Informationen. In der Regel können die Beiträge kurz nach Ausstrahlung von den Webseiten der Sender heruntergeladen werden. Zu jeder Sendereihe können Sie recht bequem die Liste der Beitragstitel durchgehen, um die für Sie relevanten Beiträge zu entdecken.

17. … mit Soft Skills?

Es ist ja nicht so, dass Soft Skills früher – vor dem Boom der Soft-Skill-Industrie – überhaupt keine Rolle gespielt hätten. Man ist halt anders an die Dinge herangegangen, vor allem sehr viel leiser. Angesichts der ernüchternden Befunde in Abschnitt 15 stellt sich allerdings die Frage, ob die Rezepte aus der guten alten Zeit vor dem Soft-Skill-Rummel nicht vielleicht doch etwas für sich hatten. Was meine ich damit:

- Allein Erfahrung hat früher gezählt, nicht formale Soft-Skill-Zertifikate.

- Zur Vermittlung von nichtfachlichen Kompetenzen hat man nicht ´mal eben schnell über´s Wochenende einen Kurs besucht, sondern man ist langjährig von einem Mentor gefördert und gefordert worden.

- Regelmäßige Treffen zum Erfahrungsaustausch sind eine lange bewährte Einrichtung. Selbstverständlich werden auch Erfahrungen im Soft-Skill-Bereich ausgetauscht, was vermutlich wesentlich effektiver als die Vermittlung von

Lehrbuchwissen ist. Einen Schritt weiter geht man mit Qualitätszirkeln,[114] in denen man sich nicht nur austauscht, sondern zielgerichtet an Lösungen arbeitet.

Apropos: Ein solcher Zirkel könnte sich auch etwas Zeit gönnen, um gemeinsam Soft-Skill-Ratgeberbücher auseinandernehmen – dann wird man schon sehen, welche dieser Ratgeber diesen Praxistest bestehen und welche nicht.

- Soft Skills standen weniger im Vordergrund, dafür eher die innere Einstellung von Leuten in Führungspositionen, beispielsweise, dass man seine Leute nicht im Stich lässt. Aus eigener Anschauung muss ich leider feststellen, dass nicht alle soft-skill-lastigen Experten wirklich eine solche Einstellung zeigen.

- Schlussendlich möchte ich nochmals auf Judit Mairs Buch verweisen.[115] Die alten Regeln der Höflichkeit würden so manchen Bedarf an Soft Skills doch ganz gut auffangen.

Diese Ausführungen können leicht missverstanden werden, deshalb sage ich klipp und klar: Die sogenannte „gute alte Zeit" war in Wirklichkeit natürlich nur halb so gut. Die Förderung durch Mentoren artete häufig in die Bildung von Seilschaften aus. Und mit der Einstellung von Leuten in Führungspositionen war es auch nicht so weit her. Und natürlich wurde und wird Höflichkeit missbraucht.

Was ich meine, ist Folgendes: Wir sollten die Vorgehensweisen aus der „guten alten Zeit" nicht unbesehen über Bord werfen, sondern uns ganz genau ansehen, was wir daraus lernen können, und welche Aspekte wir vielleicht in die heutige Zeit in neuem, besserem Gewand hinüberretten können.

Darüber hinaus ließen sich viele zwischenmenschliche Probleme in Berufs- und Privatleben von vornherein vermeiden oder zumindest stark mildern, wenn ein paar allgemeine Einsichten und Erfahrungen ein bisschen weiter verbreitet wären. Ich denke da beispielsweise an Hanlon's Razor: [116] „Schreibe nichts der Böswilligkeit zu, was durch Dummheit hinreichend erklärbar ist." Was sich übrigens noch fortsetzen lässt:

Schreibe nichts der Dummheit oder Böswilligkeit zu, was durch Missverständnisse in der Kommunikation hinreichend erklärbar ist.

Wie viel böses Blut könnte vermieden werden, wenn alle Beteiligten solche einfachen Regeln beherzigen würden. Und wie viel weniger an Soft Skills wären nötig.

Es gibt noch vieles, was wir tun können – was die Soft-Skill-Industrie aber nicht unbedingt vorrangig in ihrem Programm hat.

Begriffsverwirrung um „Soft Skills"

18. Soft Skills – oder General Skills?

General Skills, also allgemeine Kompetenzen, finden sich in der Literatur auch unter anderen Begriffen wie *Generic Skills* und *Employability Skills*. Gemeint sind Kompetenzen, die zur Beschäftigungsfähigkeit wichtig, aber nicht branchenspezifisch sind. Diese Begriffe werden nicht nur in der englischsprachigen, sondern auch in der deutschen – oder sollte ich besser sagen: „denglischen" – Fach- und Populärliteratur verwendet. Im Kern gehören dazu kommunikative Kompetenz, Teamfähigkeit, Selbstorganisation, Kritikfähigkeit, Konfliktfähigkeit usw. Damit sind allgemeine Kompetenzen das genaue Gegenteil von Fachkompetenzen.

Häufig werden Soft Skills in Gegensatz zur Fachkompetenz gesetzt. Anders herum gesagt: Soft Skills werden mit allgemeinen Kompetenzen gleichgesetzt. In Abschnitt 21 werden wir ein paar illustrative Beispiele kennen lernen. Allerdings ist diese Gleichsetzung in keinster Weise gerechtfertigt, wie die folgenden Gegenüberstellungen zeigen:

Kommunikative Kompetenz

- *Soft*: Einfühlsam auf andere eingehen.
- *Hard*:
  - Präzise, unmissverständliche Aussagen und Anweisungen auf Basis des Fachwissens formulieren.
  - Unmissverständlich formulierte Aussagen und Anweisungen tatsächlich auch korrekt gemäß ihrer Logik verstehen.
  - Tatsachen und logische Schlussfolgerungen auf Basis des Fachwissens auf den Punkt bringen.

o Begrifflichkeiten präzise definieren und präzise gemäß ihrer Definition verwenden.

o Alle Informationen identifizieren und präzise kommunizieren, die zur Vermeidung von Missverständnissen notwendig sind.

o Die richtigen sachlichen Fragen stellen können, um die Informationen zu erhalten, die Ihnen Ihr Gegenüber gerne verschwiegen hätte.

Die harten Seiten der kommunikativen Kompetenzen werden immer wichtiger durch die steigende Bedeutung von schriftlicher Information und Kommunikation im Internet.

Verhältnis Denken zu Reden

* *Soft*: Spontan, unterhaltsam und schlagfertig reden.

* *Hard*: Erst gewissenhaft nachdenken, dann überlegt reden.

Interkulturelle Kompetenz

* *Soft*: Einfühlung in andere Kulturen und ihre Vertreter.

* *Hard*: Detailliertes Faktenwissen über und logisches Verständnis für die spezifischen Eigenheiten und Sitten anderer Kulturen.

Lange und kurze Weile

* *Soft*: Die Fähigkeit, kurzweilig zu reden und zu schreiben.

* *Hard*: Die Fähigkeit, auch die Inhalte von langweiligen Reden und Texten, insbesondere von komplexeren Argumentationsketten vollständig und korrekt zu erfassen beziehungsweise die logischen Lücken aufzudecken.

Teamfähigkeit

* Soft:

  o Probleme einfühlsam im Vorfeld erkennen und vermeiden.

o Bereits eingetretene Probleme einfühlsam miteinander bereden.

- *Hard*: Präzise Definition von möglichst einfachen Schnittstellen, Prozeduren und Zeitplänen, die weitgehend Einzel- statt Teamarbeit erlauben mit minimaler Notwendigkeit zur Kommunikation, die aufgrund der einfachen, präzisen Schnittstellen dann auch nicht allzu komplex und fehleranfällig ist.

Selbstorganisation

- *Soft*: Motiviert sein.

- *Hard*:

    o Diszipliniert sein.
    o Realistische Zeitpläne aufstellen und an Änderungen der Rahmensituation anpassen.

Kritikfähigkeit

- Soft:

    o Einfühlsam, diplomatisch Kritik üben.
    o Auch harsche Kritik konstruktiv annehmen und konstruktiv reagieren.

- Hard:

    o Identifikation und Analyse kritischer Sachverhalte.
    o Präzise sachliche Formulierung der Kritikpunkte.
    o Herausziehen des sachlichen Kerns aus einer harschen Kritik.
    o Werbung, wissenschaftliche Studien, Vertragsentwürfe u.ä. kritisch auf den Prüfstand stellen.
    o Die verborgenen Schwachstellen in einer zunächst einmal überzeugend klingenden Argumentationskette finden.

Selbstkritik

- *Soft*: Bewusstsein der eigenen Grenzen.
- *Hard*: Scharfe Analyse konkreter Unzulänglichkeiten.

Konfliktfähigkeit

- *Soft*: Deeskalierende Kommunikations- und Verhaltensweisen.
- *Hard*: Analytisches Herausarbeiten des sachlichen Kerns des Konflikts und Definition einer sachgerechten Lösung.

Mitdenken / sich hineinversetzen

- *Soft*: Sich emotional auf das Gegenüber einstellen und sich in seine mentale Situation hineinversetzen.
- *Hard*: Vorausschauend die objektive Situation des Gegenübers analysieren und einen sachgerechten Kompromiss definieren.

Resümee

Allgemeine Kompetenzen werden von etlichen Autoren einfach so für Soft Skills vereinnahmt. Wie die obige Auflistung von weichen und harten Seiten zeigt, ist dies alles andere als gerechtfertigt.

Die General Skills – kommunikative Fähigkeiten, Teamfähigkeit, Selbstorganisation, Kritikfähigkeit, Konfliktfähigkeit usw. – haben sowohl weiche als auch harte Seiten, und beide Seiten sind wichtig. Dank der allgemeinen Fokussierung auf Soft Skills fallen die extrem wichtigen harten Seiten aber leider immer wieder unter den Tisch.

Insbesondere werden viele berufliche Tätigkeitsfelder zu Unrecht der Sphäre der Soft Skills zugerechnet. Ein Beispiel von ganz besonderer Art sind Journalisten und vergleichbare Multiplikatoren. Ein seriöser Journalist zeichnet sich gegenüber seinem weniger seriösen Kollegen ja gerade durch die oben unter „Kritikfähigkeit" auf der *harten* Seite notierten Fähigkeiten aus: Identifikation und Analyse kritischer Sachverhalte, präzise Formulierung der Kritikpunkte sowie die Kompetenz, Werbung, wissenschaftliche Studien, Verträge und ähnliches kritisch auf den Prüfstand zu stellen und verborgene Schwachstellen in logischen Argumentationsketten aufzudecken und präzise zu benennen. Weiterbildungskurse für Journalisten in solchen *Hard* Skills wären einmal ein echter Fortschritt!

Die Gleichsetzung von Soft Skills und Allgemeinen Kompetenzen ist natürlich gut für die Umsätze der Soft-Skill-Industrie, für den Kunden dieser Industrie – also für Sie! – aber nicht gerade orientierungsförderlich. Denn der Begriff *Allgemeine Kompetenzen* beziehungsweise *General Skills* trifft die soeben diskutierten Kompetenzen offenkundig viel besser, und es wäre wesentlich verständlicher, wenn der Begriff Soft Skills wie in diesem Büchlein auf die wirklich „soften" Kompetenzen beschränkt bliebe. Zumal wie gesagt die Autoren häufig dann doch nur die weichen Seiten dieser allgemeinen Kompetenzen betrachten. Und die wichtigen harten Seiten, die wir oben herausgearbeitet haben, fallen unter den Tisch.

19. Soft Skills – oder Open Skills?

In der Literatur findet man zuweilen auch die Unterscheidung zwischen *Open* und *Closed Skills*, wörtlich übersetzt also offene und geschlossene Kompetenzen.

Einerseits gibt es Kompetenzen, die man streng „nach Kochrezept" lernen und einsetzen kann, das sind die Closed Skills. Ein typisches Beispiel ist die Arbeit mit einer Maschine, die immer wieder dieselben Handgriffe in geringen und vorhersehbaren Variationen erfordert. Open Skills hingegen sind Kompetenzen, die man nur „ungefähr" erlernen kann, und die Anwendung des Erlernten in einer bestimmten Situation erfordert noch einmal einiges an Intelligenz plus Erfahrung oder sogar echte Kreativität.

Soft Skills sind natürlich im Wesentlichen Open Skills. Allerdings werden sie häufig so gelehrt, als wären es Closed Skills, beispielsweise im Bereich Bewerbungstraining, wo einem häufig vorgestanzte Antworten auf mögliche Fragen des zukünftigen Chefs ans Herz gelegt werden – Antworten, die die Chefs natürlich alle schon längst kennen und durchschauen.[117]

Wie gesagt, Soft Skills sind tendenziell eher Open Skills. Das heißt aber nicht, dass Open Skills umgekehrt grundsätzlich Soft Skills wären. Zum Beispiel ist mathematisch-logische Kompetenz eine hochgradig offene Kompetenz. Auch die Fähigkeit, ein Auto zu reparieren, ist natürlich eine hochgradig offene Kompetenz. Und so weiter.

Es ist also nicht wirklich seriös, wenn die Grenzen zwischen Soft Skills und Open Skills bei einigen Autoren verwischen.

20. Soft Skills – oder überhaupt keine Skills?

Ehrlichkeit

Oft werden Vertrauenswürdigkeit, Ehrlichkeit und ähnliches für Soft Skills vereinnahmt. Aber seien wir einmal ehrlich, dies sind überhaupt keine Kompetenzen, sondern eine Frage der inneren Einstellung. In der Tat werden weiche Kompetenzen häufig skrupellos für wenig vertrauenswürdige und wenig ehrliche Zwecke eingesetzt. Auf ihrer Seite über Soft Skills[118] drückt die deutschsprachige Wikipedia dies in einer für Wikipedia ungewöhnlich drastischen Weise aus: „Das Konzept sozialer Kompetenz wird vielfach positiv gesehen, ist aber tatsächlich wertneutral im moralischen Sinne. Auch Anführer mafiöser Organisationen, Trickbetrüger oder Diktatoren wie z. B. Adolf Hitler...“

Durch die Vereinnahmung für Soft Skills werden Vertrauenswürdigkeit und Ehrlichkeit also stillschweigend den guten alten Fachkompetenzen gegenübergestellt, was schon sehr herb ist. Dabei ist die Sache nüchtern betrachtet doch ganz einfach, nämlich genau andersherum:

Ehrlichkeit kann sich nur leisten, wer seine Hausaufgaben gemacht hat und auf kritische Nachfragen mit harten Fakten antworten kann – und damit sind wieder eher *Hard* als *Soft* Skills die Grundlage für ehrliches Auftreten.

Wir müssen uns bewusst sein, dass es ganz im Gegenteil die *Soft* Skills sind, bei denen die Übergänge zu mangelnder Seriosität fließend sind:

Soft Skills ⇔ gut überspielte Unehrlichkeit

Soft Skills ⇔ mit Sprechblasen beeindrucken

Soft Skills ⇔ mit gutem äußerlichem Eindruck punkten

Damit soll selbstverständlich keinesfalls gesagt werden, dass Soft Skills grundsätzlich auf Unehrlichkeit, Sprechblasen und äußerlichen Eindruck hinauslaufen. Aber es sind eben die weichen Kompetenzen, bei denen die Grenzen fließend sind, nicht die harten.

Offenheit und Einfühlungsvermögen

Auch Soft Skills, die mit Offenheit und Einfühlungsvermögen zu tun haben, sind nur zum Teil wirklich Skills. Wobei der Begriff *Einfühlungsvermögen* erst einmal genau zu klären wäre. Es geht hier ja nicht um das emotionale Einfühlungsvermögen, das etwa einen guten Trauerbegleiter auszeichnet – das kann man in der Tat gut unter Soft Skills einordnen, wie wir sie in Abschnitt 0 definiert haben. Sondern in den meisten Bereichen des Berufslebens geht es darum, durch Einfühlung in die handfesten Interessen und Probleme des anderen zu einem Ziel führenden sachlichen Kompromiss zu gelangen. Diese Art von Einfühlungsvermögen ist sicher teilweise ein Skill, zum Großteil aber auch wieder eine innere Einstellung: Offenheit für den anderen und seine Interessen.

Sie finden vielleicht, dass das jetzt nun endgültig Haarspalterei ist. Was macht es denn für einen Unterschied, ob man Offenheit jetzt unter Kompetenzen oder als eine Sache der inneren Einstellung einordnet? Nun, der Unterschied ist gewaltig, denn eine Kompetenz könnte man vielleicht – vielleicht! – durch Kurse und ähnliches in überschaubarer Zeit als Anfänger erlernen und darin dann durch vertiefende Kurse in ebenfalls überschaubarer Zeit ein fortgeschrittenes Stadium erreichen. Die richtige innere Einstellung hingegen hat man als Charaktermerkmal geschenkt bekommen oder muss sie in einem jahrzehntelangen persönlichen Reifungsprozess erlangen – jedenfalls ganz sicher nicht in einem Seminar oder durch Lektüre.

Ich bin jetzt vielleicht nicht ganz politisch korrekt, die Realität ist aber trotzdem so: Dass mangelndes Einfühlungsvermögen kein Mangel an Soft Skills, sondern eine Sache der inneren Einstellung ist, zeigen beispielsweise gewisse IT-Experten, die in ihrem Umfeld verschrien sind, weil sie unglaublich unsensibel und absolut schmerzfrei sind, wenn sie ihr Expertenwissen an gewöhnliche Sterbliche weitergeben sollen – die aber plötzlich sehr geduldig, einfühlsam und sensibel werden können, wenn ihr Trainee kurzen Rock und lange Haare hat. Dann geht's auf einmal. Sie kennen vielleicht auch ein paar Leute, auf die das passt. Die Skills sind bewiesenermaßen vorhanden, es hapert halt an der inneren Einstellung.

Dass gerade die eigene Offenheit kaum beeinflussbar ist und schon gar nicht durch Seminare und Bücher, macht auch ein bekannter Ausspruch von Max Planck leider nur zu deutlich:[119] „Eine neue wissenschaftliche Wahrheit pflegt sich nicht in der Weise durchzusetzen, daß ihre Gegner überzeugt werden und sich als belehrt erklären, sondern vielmehr dadurch, daß ihre Gegner allmählich aussterben und daß die heranwachsende Generation von vornherein mit der Wahrheit vertraut gemacht ist." Die Geistesgrößen, auf die Max Planck hier anspielt, sind zum Großteil selbst als junge Leute Sturm gelaufen gegen etablierte Lehrmeinungen. Wenn selbst solche Leute keine allzu große Offenheit an den Tag legen, was soll dann ein Wochenendseminar zu Soft Skills, in dem Offenheit gegenüber anderen gepredigt und im Rollenspiel ´mal eben schnell durchexerziert wird? Gar nichts, weil es eben überhaupt keine Kompetenz, sondern eine Frage der Grundeinstellung ist.

21. Wie der Begriff „Soft Skills" von anderen Autoren verwendet wird

Natürlich ist dies nur eine kleine, alles andere als erschöpfende Auswahl von Quellen zu Soft Skills. Aber das ist absolut in Ordnung, denn ich möchte nicht mehr als einen beispielhaften, illustrativen Einblick geben, wie erstaunlich unterschiedlich und zuweilen auch merkwürdig festgelegt wird, was Soft Skills eigentlich sein sollen. Dennoch habe ich mir bei der Auswahl Mühe gegeben und verschiedenste Quellen zusammengestellt, denen gemeinsam ist, dass sie auf die eine oder andere Weise tonangebend sind – sei es durch breit anerkannte Definitionsmacht wie im Falle der Wikipedia, durch institutionelle Autorität wie bei SCANS, durch Reichweite oder bei Büchern durch Auflage und Bekanntheitsgrad.

Wikipedia

http://de.wikipedia.org/wiki/Soft_Skills und http://en.wikipedia.org/ wiki/Social_skills

Sowohl in der deutschsprachigen als auch in der englischsprachigen Wikipedia werden mehrere Versuche unternommen, sich einer Definition zu nähern.

Generell setzt die deutschsprachige Wikipedia Soft Skills mit Sozialer Kompetenz gleich und versteht darunter „die Gesamtheit persönlicher Fähigkeiten und Einstellungen, die dazu beitragen, individuelle Handlungsziele mit den Einstellungen und Werten einer Gruppe zu verknüpfen und in diesem Sinne auch das Verhalten und die Einstellungen von Mitmenschen zu beeinflussen ... Sie enthalten neben der sozialen Kompetenz im engeren Sinne auch Neigungen, Interessen und andere Persönlichkeitsmerkmale (Belastbarkeit, Frustrationstoleranz u. ä.)." Die Stichworte Teamfähigkeit und Motivation werden ebenfalls genannt.

Die englischsprachige Wikipedia verbindet Soft Skills explizit mit dem emotionalen Intelligenzquotienten und definiert sie sinngemäß als die Fähigkeit, effektiv mit anderen zu interagieren (im Original: "... a person's ability to interact effectively with coworkers and customers ... broadly applicable both in and outside the workplace.").

Beide Artikel unterschlagen also die harten Seiten von kommunikativen und anderen Kompetenzen und schlagen alle General Skills pauschal den Soft Skills zu. Außerdem unterscheiden beide nicht zwischen Fähigkeiten und innerer Einstellung. Dass beides sehr problematisch ist, hatten wir schon in Abschnitt 18 und 20 herausgearbeitet.

Investopedia

www.investopedia.com/terms/s/Soft-Skills.asp

Hier wird ebenfalls versucht, eine allgemeine Definition von Soft Skills zu formulieren. Leider ist die Definition selbst etwas kurz und nicht unbedingt gut verständlich, wird aber dann doch noch sehr gut verständlich durch ein konkretes Beispiel, nämlich den Arztberuf:

- *Soft*: Empathie, Verständnis, aktives Zuhören und eine gute Arzt-Patient-Beziehung (*good bedside manner* im Original).

- *Hart*: umfassende medizinische Kenntnisse und medizinisches Verständnis (*comprehension of illnesses* sowie *a thorough understanding of anatomy and physiology*) und die Fähigkeit, Testresultate und Symptome zu interpretieren.

Unsere Definition von Soft und Hard Skills in Abschnitt 0 oben würde zum selben Resultat führen. Daher kann man wohl sagen, dass unsere Definition sich mehr oder weniger mit dieser deckt.

Secretary's Commission on Achieving Necessary Skills (SCANS): Final Report

Bericht einer vom US-Arbeitsministerium eingesetzten Kommission: http://www.academicinnovations.com/report.html

Hier ist überhaupt nicht von Soft und Hard Skills die Rede. Das ist wichtig festzuhalten, denn einige Autoren beziehen sich auf diese Auflistung von Kompetenzen und teilen sie nach eigenem Gutdünken in harte und weiche Kompetenzen ein – oftmals ohne klarzumachen, dass diese Einteilung gar nicht von SCANS selbst stammt.

Taschenguide Soft Skills

Ein Ratgeber von Gabriele Peters-Kühlinger und Friedel-John. Haufe-Lexware GmbH & Co KG, 2012 (3. Auflage). Auf Seite 12 listen die Autoren ihre Soft Skills auf:

- *Kommunikative Kompetenz*: Hat gemäß Abschnitt 18 sowohl eine harte als auch eine weiche Seite. Beide Seiten scheinen im Taschenguide angesprochen zu werden, es ist aber nur von *soft* die Rede.

- *Selbstbewusstsein*: Tja, wo ordnet man Selbstbewusstsein eigentlich ein?

- *Einfühlungsvermögen*: Das ist sicherlich ein Soft Skill, gut.

- *Teamfähigkeit* und *Kritikfähigkeit*: Haben gemäß Abschnitt 18 sowohl eine harte als auch eine weiche Seite, sollten also nicht pauschal zu den Soft Skills gerechnet werden, sondern die harten Seiten sollten eigentlich mitberücksichtigt werden.

- *Analytische Kompetenz*: Dieser Abschnitt des Taschenguides ist *extremst* problematisch. Analytische Kompetenz wird hier in Gegensatz zu mathematischen Fähigkeiten gesetzt, und Letzteres ist für die Autoren nur „blitzschnelles Grundrechnen und Überschlagen von numerischen Werten". Als promovierter Mathematiker finde ich das schon sehr herb. Das, was die Autoren offenbar unter analytischer Kompetenz verstehen und in Gegensatz zur Mathematik stellen, ist eigentlich genau das, was Mathematiker, Ingenieure, Betriebswirte usw. als ihre Kernkompetenz sehen würden. So mancher Mathematiker würde sogar launig sagen: Wer blitzschnell rechnen lernen will, sollte besser zu einem Kellner in die Lehre kennen, nicht zu einem Mathematiker. Offenkundig verwechseln die Autoren hier letztendlich Soft Skills mit Open Skills und Mathematik mit Rechnen. (Open Skills wurden in Abschnitt 19 diskutiert.)

- *Vertrauenswürdigkeit*: Wie in Abschnitt 12 dargelegt, hat wirklich echte Vertrauenswürdigkeit eher mit Hard Skills zu tun. Wer vertrauenswürdige harte Fakten liefert, braucht keine Soft Skills, um vertrauenswürdig zu *erscheinen*.

- *Selbstdisziplin / Selbstbeherrschung*: Wie in Abschnitt 18 dargelegt, hat Selbstdisziplin auch harte Seiten.

- *Neugierde*: Ist keine Kompetenz, sondern eine innere Einstellung (vergleiche Abschnitt 20).

- *Konfliktfähigkeit*: Wie in Abschnitt 18 dargelegt, hilft die harte Fähigkeit zur Analyse der sachlichen Probleme und ihrer sachlichen Lösungen sehr bei der Vermeidung beziehungsweise Überwindung von Konflikten.

- *Durchsetzungsvermögen*: Ist eine sehr komplexe, vielschichtige Fähigkeit, die man vielleicht besser nicht in ein einfaches Schema *soft – hard* pressen sollte.

Studieren.de: Die wichtigsten Soft Skills im Überblick

Zu finden unter www.studieren.de → Service → Titelstories → Mit Soft Skills zum Traumjob

- *Teamfähigkeit, Kommunikationsfähigkeit, Konfliktfähigkeit*: Wie in Abschnitt 18 beschrieben, sind dies allgemeine Kompetenzen, die sowohl weiche als auch harte Seiten haben.

- *Empathie, Motivation*: Entsteht, wenn jemand sowohl die Fähigkeit als auch die Bereitschaft mitbringt, also ein Soft Skill kombiniert mit einer inneren Einstellung gemäß Abschnitt 20.

- *Unternehmerisches Denken und Handeln, Flexibilität*: Das sind sicher sehr komplexe Mischungen aus weichen und harten Kompetenzen, innerer Einstellung und wohl noch einigem mehr.

Soft Skills – das Kienbaum Trainingsprogramm

Ein Ratgeber von Rainer Niermeyer, Rudolf Haufe Verlag, 2006, Seite 14:

Aufgezählt werden Verhandlungsgeschick, Durchsetzungsvermögen, Einfühlungsvermögen, Integrationsfähigkeit, Konfliktfähigkeit, Kritikfähigkeit, Networking, Teamfähigkeit und Überzeugungskraft. Abgesehen vom letzten fallen alle Stichworte unter die Diskussionen in Abschnitt 18 und 20. Zum Stichwort Überzeugungskraft muss ich noch einmal das wiederholen, was ich in Abschnitt 12 dazu geschrieben hatte: Im Internetzeitalter, wo der Wahrheitsgehalt so ziemlich jeder Tatsachenbehauptung sofort recherchiert werden kann, wird man in Zukunft immer weniger durch schöne Worte überzeugen, sondern indem man den harten Faktencheck besteht.

Das Trainingsbuch: Soft Skills – Kunden nachhaltig begeistern

Ein Ratgeber von Claudia Lange, Haufe Mediengruppe, 1. Auflage 2010, Seite 18-20:

- *Persönliche Kompetenzen*: Offenheit, positive Haltung, Selbstmotivation, Identifikation, Authentizität, Loyalität,

Zuverlässigkeit, Selbstbewusstsein, Selbstmanagement und Gelassenheit.

Abgesehen von Zuverlässigkeit und Selbstmanagement sind das alles eher innere Einstellungen beziehungsweise Charaktereigenschaften gemäß Abschnitt 20.

- *Soziale Kompetenzen*: konstruktiv Kritik üben, Empathie, Schlagfertigkeit, Kommunikationskompetenz.

Kritik üben und Kommunikationskompetenz haben gemäß Abschnitt 18 weiche und harte Seiten, und auch bei Frau Lange fallen die harten Seiten wieder unter den Tisch.

- *Methodische Kompetenzen*: Moderationskompetenz, Verhandlungsgeschick, Präsentationskompetenz.

So wie sie in diesem Buch dann weiter beschrieben und verwendet werden, sind alle drei sicherlich Soft Skills.

Außerhalb der obigen Dreiteilung noch zusätzlich Führungskompetenz (Durchsetzungsvermögen, Entscheidungsstärke), Umsetzungskompetenz, Initiative und Durchhaltvermögen.

Alle diese Punkte sind hochgradig komplexe Mischungen aus Soft Skills, innerer Einstellung usw. Wohl verstanden, sind Hard Skills hier mindestens genauso wichtig wie Soft Skills: Entscheidungsstärke durch umfassende kritisch-analytische Bewertung ist gut; Entscheidungsstärke durch intuitives Selbstvertrauen ist beliebig schlecht.

Sozialkompetenz: Entwirren des Begriffsdschungels

Eine wissenschaftliche Arbeit von Katja Rost, Diplomica 2002

Der Titel ist Programm, und dieses Programm wird meines Erachtens gut erfüllt. Die Autorin redet dankenswerterweise *nicht* von Soft Skills, obwohl das Buch mit Soft Skills verschlagwortet ist und daher hier aufgenommen werden soll. Sie unterscheidet Fachkompetenz, Methodenkompetenz, personale Kompetenz und soziale Kompetenz. Unter sozialer Kompetenz führt sie auf: Empathie, Kommunikationsfähigkeit, Kooperationsfähigkeit, Konfliktfähigkeit und Teamfähigkeit. Wie schon mehrfach gesagt, ist die erste Kompetenz großenteils eher Einstellungssache, und die anderen vier Kompetenzen haben sowohl weiche als auch harte Seiten. Aber da Frau Rost nichts davon einseitig den Soft Skills zurechnet, ist ja auch alles in Ordnung. Eigentlich eine sehr hilfreiche Quelle zur Orientierung.

Projektmanagement: Soft Skills für Projektleiter

Ein Ratgeber von Tomas Bohinc, GABAL, 2006, Seite 16:

Alles mehr oder weniger alte Bekannte, die sich nur zum Teil wirklich als Soft Skills interpretieren lassen: Kommunikation, Kooperation, Einfühlungsvermögen, Integrationsfähigkeit, Teamfähigkeit, Motivation, Konfliktfähigkeit und Kontaktfreudigkeit.

Soft Skills auf dem Arbeitsmarkt: Bedeutung und Wandel

Eine wissenschaftliche Arbeit von Alexander Salvisberg. Seismo, 2010, Seite 20 – 21:

In der Abbildung 2.1 auf Seite 20 werden Hard Skills mit formalen Qualifikationen (Schulbildung, Berufsbildung, Weiterbildung) sowie mit informeller Ausbildung und Erfahrungen gleichgesetzt. Konsequenterweise sind Soft Skills bei ihm dann Begabungen, Persönlichkeitseigenschaften, Arbeitstugenden, Motive und Werthaltungen. Auf Seite 21 werden Soft und Hard Skills völlig konform dazu noch einmal im Fließtext diskutiert.

Damit wären für Herrn Salvisberg beispielsweise Intelligenz und mathematisch-logisches Denken ebenfalls Soft Skills, bei Licht betrachtet sogar technische Begabungen wie die Begabung zur Reparatur von Autos. Das ist, mit Verlaub, schon etwas eigentümlich.

Überzeugen Sie! Hard Skills und Soft Skills für erfolgreiche Kommunikation

Ein Ratgeber von Angela Bittner, Books on Demand, www.bod.de, 2008, Seite 14-16:

Bei Frau Bittner sind Hard Skills „Fertigkeiten, die erlernt, angewendet und erweitert werden". Dazu zählt sie uneingeschränkt auch intellektuelle Kompetenz und sagt damit implizit – ich vermute, unabsichtlich –, dass Intelligenz etwas ist, das „erlernt, angewendet und erweitert wird". Nun ja.

Immerhin hat sie als eine der wenigen Autoren erkannt, dass kommunikative Kompetenz zu Soft *und* Hard Skills gehört.

Als Soft Skills zählt sie auf: Humor, Schlagfertigkeit, Auftreten, Motivation, Offenheit, Führungsstärke, Toleranz, Einfühlungsvermögen, Teamfähigkeit, Flexibilität, Disziplin, Umgangsformen, Höflichkeit und Selbstständigkeit. Zu den meisten davon habe ich schon mehrfach etwas geschrieben, das muss nicht noch einmal wiederholt werden.

Das Stichwort Humor ist neu – vielleicht wäre es gar nicht schlecht, wenn in Wochenendseminaren die Kunst der humorigen Kommunikation und der humorigen Reaktion auf Kritik gelehrt würde. Und das meine ich nicht sarkastisch, sondern voll und ganz ernst: Feiner Humor ist doch ein probates Mittel gegen zwischenmenschliche Probleme verschiedenster Art.

Anmerkungen und Verweise

[1] Alexander Salvisberg. Soft Skills auf dem Arbeitsmarkt: Bedeutung und Wandel. Seismo, 2010

[2] Speziell zur Riester-Rente: http://de.wikipedia.org/wiki/Riester-Rente#Kritik_an_Konzept_und_Ergebnis

[3] DER SPIEGEL 44/2012, Seite 140

[4] Für einen ersten Einstieg siehe etwa www.zeit.de/2012/24/Verkaeufer-Supermarkt oder http://www.zeit.de/zeit-wissen/2012/03/Werbung-Manipulation-Kaufrausch oder auch http://www.sueddeutsche.de/geld/tipps-fuer-kunden-wie-firmen-verbraucher-anschwindeln-1.1612962. Ein schönes Beispiel findet sich auch in http://www.sueddeutsche.de/geld/mogelpackungen-tricksen-im-einkaufsregal-1.1090384.

[5] Nur ein aktuelles Beispiel unter vielen: http://www.stern.de/digital/telefon/neue-o2-handytarife-wie-teuer-kostenlos-wirklich-ist-1976972.html

[6] http://www.sueddeutsche.de/digital/neue-instagram-nutzungsbedingungen-empoerung-ist-gut-erkenntnis-ist-besser-1.1554427

[7] Zum Beispiel: Gerhard Kommer. Kaufen oder mieten? Wie Sie für sich die richtige Entscheidung treffen. Campus-Verlag, 2010

[8] Zum Beispiel: Claudia Krafczyk. WISO: Die richtige Immobilie – suchen, finden, bewerten. Campus-Verlag, 3. überarbeitete Auflage 2011

[9] Beispielsweise wird in einigen Erfahrungsberichten im Internet empfohlen: Claus Meier. Bauphysik im Zwielicht – Probleme und Lösungen. Expert-Verlag, 2010 (7. Auflage). *Achtung*: viel harter mathematischer und physikalischer Stoff!

[10] Siehe beispielsweise http://www.luegen-mit-zahlen.de, vor allem den Blog http://www.luegen-mit-zahlen.de/blog

11 Einen ersten Einstieg bietet beispielsweise: Walter Krämer. So lügt man mit Statistik. Piper-Verlag, überarbeitete Neuausgabe 2011. Weitere Bücher finden Sie in Abschnitt 16.

12 http://de.wikipedia.org/wiki/Geprüfte_Sicherheit, Version vom 22.2.2013

13 http://de.wikipedia.org/wiki/Blauer_Engel, Version vom 22.2.2013

14 http://www.stuttgartnord.de/stuttgart/

fachschriften_verlag_verleiht_golden_cube_2010.htm

15 Dieser Sachverhalt wird sehr treffend durch ein – leider englisches – Cartoon satirisch aufgespießt: http://xkcd.com/937/

16 http://www.spiegel.de/wirtschaft/soziales/kliniken-welche-folgen-boni-fuer-chefaerzte-haben-a-844265.html

17 Siehe http://de.wikipedia.org/wiki/Evidenzbasierte_Medizin. *Achtung*: Ich bin kein naiver Verfechter der evidenzbasierten Medizin, sondern bin mir ihrer Problematik sehr wohl bewusst, siehe auch http://de.wikipedia.org/wiki/Evidenzbasierte_Medizin#Kritik. Aber darum geht es hier nicht. Es geht hier allein um die Erfahrung, dass Fachliteratur aus evidenzbasierter Medizin eine sehr hilfreiche zusätzliche Informationsquelle ist.

18 Siehe http://www.zeit.de/2011/37/GS-Deutsche-Versicherung, Zitat: „Vier von fünf Haushalten haben eine Hausratversicherung, 70 Prozent eine Haftpflichtpolice".

19 Zu diesem Thema gibt es vielfältige wissenschaftliche und populäre Literatur, für einen ersten populär aufbereiteten Einstieg siehe beispielsweise http://www.zeit.de/2001/44/200144_m-risiko.xml

20 http://de.wikipedia.org/wiki/Eventualvorsatz

21 http://www.spiegel.de/politik/deutschland/grossprojekte-der-politik-warum-ber-s21-und-co-so-teuer-werden-a-876311.html

22 Startseite: http://www.fundiert-entscheiden.de. Die beiden im Haupttext erwähnten Beispiele sind zu finden unter http://www.fundiert-entscheiden.de/index.php/Bedingungsloses_Grundeinkommen bzw. http://www.fundiert-entscheiden.de/index.php/Handystrahlung_gefährlich.

[23] Rolf Dobelli. Die Kunst des klaren Denkens – 52 Denkfehler, die Sie besser anderen überlassen. Hanser, 2011. Das Zitat ist entnommen von Seite 216.

[24] http://www.spiegel.de/schulspiegel/wissen/schulmathematik-absurd-26-schafe-10-ziegen-36-jahre-a-806981.html

[25] Winfried Panse und Holger von Wilmsdorff. Erfolgsfaktor Emotionen – Ziele sicher erreichen mit Soft Skills. Redline Verlag, 2010

[26] http://www.handelsblatt.com/unternehmen/digitale-revolution-der-wirtschaft/oeko-bilanz-wohin-mit-dem-verpackungsmuell/7806214.html

[27] http://www.manager-magazin.de/finanzen/artikel/0,2828,881938,00.html

[28] Für die aktuellsten Entwicklungen im Hochschulbereich siehe bspw. http://www.tagesspiegel.de/wissen/digitale-revolution-der-lehre-harvard-fuer-alle/7593300.html

[29] Siehe beispielsweise http://www.spiegel.de/schulspiegel/wissen/hightech-im-klassenzimmer-jede-stunde-so-furchtbar-a-860594.html

[30] DER SPIEGEL 52/2012, Seite 98-101

[31] Traci Sitzmann. *A Meta-Analytic Examination of the Instructional Effectiveness of Computer-Based Simulation Games.* Personnel Psychology, Jahr 2011, Band 64, Seiten 489-528

[32] http://www.sueddeutsche.de/bildung/lobrede-auf-den-lehrer-motivationsdroge-mensch-1.1603652

[33] http://www.haz.de/Nachrichten/Medien/Uebersicht/Auflagen-bei-Tageszeitungen-und-Zeitschriften-ruecklaeufig

[34] Siehe die jüngsten Beispiele: http://www.spiegel.de/kultur/gesellschaft/die-insolvenz-der-frankfurter-rundschau-ist-keine-ueberraschung-a-867084.html und http://www.spiegel.de/wirtschaft/wolfgang-muenchau-ueber-das-ende-der-financial-times-deutschland-a-868508.html

[35] Zur Datenwissenschaft gibt es leider noch keine Seite in der deutschsprachigen Wikipedia, siehe daher die englischsprachige: http://en.wikipedia.org/wiki/Data_science. Einen gewissen Einblick auf

Deutsch bietet die Informationsseite zum Master Datenwissenschaft an der TU Dortmund: http://www.statistik.tu-dortmund.de/master_datenwissenschaft.html. Zu Berufsaussichten siehe auch http://www.harvardbusinessmanager.de/heft/artikel/a-865365.html.

36 Siehe etwa http://www.hampp-verlag.de/ArchivIndB/2_94_Faust%20etal.pdf. Siehe beispielsweise auch den prägnanten Satz „Darüber hinaus soll im Rahmen des Umbaus eine neue dreigliedrige Struktur entstehen, die mit einer Management-ebene weniger als bisher auskommt", zu finden in http://www.telecom-handel.de/News/Markt-Analyse/Deutsche-Telekom-Massiver-Stellenabbau-in-der-Zentrale.

37 http://de.wikipedia.org/wiki/Crowdsourcing

38 de.wikipedia.org/wiki/ELIZA

39 http://de.wikipedia.org/wiki/Skype

40 http://www.spiegel.de/gesundheit/diagnose/pflegeroboter-hightec-kameraden-fuers-alter-a-890342.html

41 Siehe etwa http://www.morgenweb.de/nachrichten/wissenschaft/bits-bytes-und-gekuhlte-drinks-roboter-als-butler-1.838578 oder auch http://www.wiwo.de/technologie/gadgets/haushaltshelfer-wie-roboter-den-alltag-erleichtern/7287648.html.

42 de.wikipedia.org/wiki/Tamagotchi

43 http://de.wikipedia.org/wiki/Schufa

44 Siehe auch http://www.faz.net/aktuell/feuilleton/silicon-demokratie/kolumne-silicon-demokratie-bonitaet-uebers-handy-12060602.html

45 http://de.wikipedia.org/wiki/Compliance_(BWL)

46 Wer mich im Internet sucht, wird finden, dass ich das Gebiet *Algorith-mik* vertrete. Das heißt aber noch lange nicht, dass ich die hier beschrie-bene Algorithmisierung der Welt ungeteilt gut finde.

47 Startseite http://klout.com/home; für eine Diskussion siehe bei-spielsweise http://www.spiegel.de/spiegel/print/d-87562004.html.

[48] Siehe zum Beispiel auch http://blog.zeit.de/open-data/2012/11/08/nate-silver-usa-wahl-statistik/

[49] Wieder Rolf Dobelli. Die Kunst des klaren Denkens. Hanser, 2011. Das Experiment wird im Kapitel „Der Anker" beschrieben.

[50] http://www.immobilienscout24.de/de/immobilienbewertung/immobilienwertberechnen/index-v3.jsp

[51] Noch einmal (vgl. Fußnote 8) Claudia Krafczyk. WISO: Die richtige Immobilie – suchen, finden, bewerten. Campus-Verlag, 3. überarbeitete Auflage 2011

[52] http://de.wikipedia.org/wiki/Bodenrichtwert

[53] Ich verwende das Wort Grundstück hier nicht im juristischen, sondern im landläufigen Sinne. Der Hauptunterschied ist, dass das Häuschen juristisch Bestandteil des Grundstücks ist, nach landläufigem Verständnis aber das Grundstück selbst und das auf dem Grundstück gebaute Häuschen zwei unterschiedliche Dinge sind.

[54] http://de.wikipedia.org/wiki/Energieausweis

[55] Angela Bittner. Überzeugen Sie! Hard Skills und Soft Skills für erfolgreiche Kommunikation. Books on Demand, www.bod.de, 2008. Das Zitat stammt von Seite 25.

[56] http://de.wikipedia.org/wiki/Peer-to-Peer-Kredit

[57] Wieder Rolf Dobelli. Die Kunst des klaren Denkens. Hanse, 2012. Das Segelbeispiel stammt aus dem Kapitel über den „Linking Bias".

[58] Siehe beispielsweise http://www.zeit.de/karriere/beruf/2012-05/erfolg-aussehen-karriere, http://www.perspektive-mittelstand.de/Karrierefaktor-Attraktivitaet-Gutes-Aussehen-foerdert-die-Karriere/management-wissen/3300.html oder auch http://www.careerbuilder.de/blog/2011/06/22/ist-gutes-aussehen-der-schluessel-zum-erfolg-im-job/

[59] Siehe etwa Anja Krüger. Die Angstmacher – Wie uns die Versicherungswirtschaft abzockt. Lübbe Ehrenwirth, 2012. Als Einstieg siehe auch http://www.handelsblatt.com/finanzen/vorsorge-versicherung/nachrichten/anwaeltin-fuer-versicherungsrecht-als-fair-wuerde-ich-keinen-versicherer-bezeichnen/7485070.html.

60 http://www.manager-magazin.de/finanzen/versicherungen/
0,2828,732138,00.html

61http://www.spiegel.de/wissenschaft/mensch/unerfahrene-
mediziner-jedes-fuenfte-tote-fruehchen-koennte-noch-leben-a-
514202.html

62 http://www.sueddeutsche.de/wirtschaft/verbraucherschutz-bei-
finanzprodukten-regierung-laesst-deutsche-bei-der-altersvorsorge-
allein-1.1560123

63 Ein aktuelles Beispiel der traurigen Praktiken von Fi-
nanz"dienstleistern":
http://www.tagesspiegel.de/wirtschaft/geldanlage-die-tricks-der-
bausparkassen/7607898.html

64 http://www.ratgeber-verbraucherzentrale.de/schwarzbuch-banken-
und-finanzvertriebe

65 http://www.spiegel.de/gesundheit/diagnose/igel-patienten-
bekommen-zu-wenig-informationen-in-arztpraxen-a-865844.html

66 Wieder Rolf Dobelli. Die Kunst des klaren Denkens. Hanser, 2010

67 http://www.manager-
magazin.de/magazin/artikel/0,2828,881422,00.html

68 http://www.spiegel.de/karriere/berufsleben/film-von-farocki-ueber-
unternehmensberater-die-sprache-der-consultants-a-859790.html

69 Siehe http://en.wikipedia.org/wiki/Social_loafing auf Englisch bezie-
hungsweise http://de.wikipedia.org/wiki/Soziales_Faulenzen auf
Deutsch. Im schon mehrfach erwähnten Buch „Die Kunst des klaren
Denkens" (Hanser, 2011) von Rolf Dobelli ist Social Loafing ein eigener
Abschnitt gleichen Namens gewidmet.

70 Der Standardtext dazu stammt von James Surowiecki. Die Weisheit
der Vielen – Warum Gruppen klüger sind als Einzelne. Bertelsmann,
2005. Der deutsche Untertitel ist etwas irreführend, denn Surowiecki
betont, dass die Individuen unabhängig voneinander, also eben nicht in
der Gruppe entscheiden sollen. Im englischen Original lautet der Untertitel denn auch genauer: warum viele klüger sind als wenige („why the
many are smarter than the few"). Für eine kurze Aufbereitung siehe auch
http://de.wikipedia.org/wiki/Die_Weisheit_der_Vielen.

[71] Siehe bspw.
http://www.spiegel.de/wissenschaft/mensch/schwarmintelligenz-
gemeinsam-sind-wir-duemmer-a-762837.html

[72] http://de.wikipedia.org/wiki/George_Carlin

[73] Startseite der deutschen Wikipedia: de.wikipedia.org

[74] Jaron Lanier. Gadget – Warum die Zukunft uns noch braucht. Suhr-
kamp, 2010. Ich beziehe mich konkret auf Seite 162 der ersten Taschen-
buchauflage, 2012. Zur Expertise und zum Erfahrungshintergrund des
Autors siehe auch http://de.wikipedia.org/wiki/Jaron_Lanier.

[75] http://www.spiegel.de/spiegel/print/d-87818628.html

[76] Prof. Dr. Stefan Schulz-Hardt. Die große Illusion – zur Synergie in
Gruppen. Forschung und Lehre (Monatsschrift des Deutschen Hoch-
schulverbands), Ausgabe 9/12, Seite 744-745. Wo im obigen Zitat eckige
Klammern stehen, steht im Original der Fachbegriff „Nominalgruppen“.
Ich habe stattdessen von „allein nachdenkenden Einzelpersonen“ ge-
schrieben, was exakt dasselbe bedeutet, aber die missverständliche
Wortwahl vermeidet.

[77] http://www.zeit.de/campus/2012/06/kreativitaet-ideen-tipps

[78] Siehe wieder Rolf Dobelli. Die Kunst des klaren Denkens. Hanser, 2011. Unter dem
Titel *Groupthink* ist dieser Problematik dort ein eigener Abschnitt gewidmet.

[79] David H. Freedman. Falsch! Warum uns Experten täuschen und wie
wir erkennen, wann wir ihnen nicht trauen sollen. Riemann Verlag München, 1. Auflage 2010. Das Zitat ist entnommen von Seite 132.

[80] http://de.wikipedia.org/wiki/Martin_Wehrle

[81] Zitiert nach http://www.spiegel.de/karriere/berufsleben/a-
864493.html

[82] Siehe etwa http://www.spiegel.de/karriere/berufsstart/bewerbung-
bei-assessment-center-und-iq-test-bringt-training-wenig-a-861913.html
oder http://www.zeit.de/2012/29/C-Beruf-Coach-Costner

[83] Siehe wieder Winfried Panse und Holger von Wilmsdorff. Erfolgsfaktor Emotionen – Ziele sicher erreichen mit Soft Skills. Redline Verlag,
2010. Das Zitat stammt von Seite 106.

[84] http://www.presseportal.de/pm/9377/998150/aerzte-behandeln-oft-nach-bauchgefuehl-und-nicht-nach-wissenschaft-zum-nachteil-ihrer-patienten

[85] http://www.zeit.de/campus/2013/s1/entscheiden-beruf-psychologe-marc-schneider

[86] http://de.wikipedia.org/wiki/Sissa_ibn_Dahir

[87] Rolf Dobelli. Die Kunst des klaren Denkens. Hanser, 2011

[88] Bas Kast. Wie der Bauch dem Kopf beim Denken hilft: Die Kraft der Intuition. Fischer, 2007. Das Zitat ist von Seite 84 entnommen.

[89] http://de.wikipedia.org/wiki/Déformation_professionnelle

[90] http://de.wikipedia.org/wiki/Rationalisierung_(Psychologie)

[91] Siehe etwa http://www.spiegel.de/karriere/berufsstart/generation-y-personaler-enttaeuscht-von-jungen-absolventen-a-867253.html oder http://www.spiegel.de/karriere/berufsstart/berufseinstieg-wie-firmen-die-manager-von-morgen-sehen-a-869420.html oder http://www.spiegel.de/wirtschaft/soziales/studie-zu-job-und-kinder-familie-und-beruf-sind-schwer-zu-vereinen-a-866266.html oder http://www.manager-magazin.de/magazin/artikel/0,2828,875547,00.html oder auch http://www.wiwo.de/erfolg/beruf/generation-y-wollen-die-auch-arbeiten/7909184.html.

[92] http://www.spiegel.de/spiegelwissen/deutsche-auswanderer-in-norwegen-karriere-und-kinder-a-885402.html

[93] Judith Mair. Schluss mit Lustig. Eichborn, 2002

[94] http://de.wikipedia.org/wiki/Benutzerschnittstelle

[95] http://www.zeit.de/wirtschaft/unternehmen/2012-10/einzelhandel-umsatz-mitarbeiter-nettigkeit

[96] http://de.wikipedia.org/wiki/Donald_Kirkpatrick

[97] So wird etwas in einem Bericht der ASTD (Amerikanische Gesellschaft für Training und Entwicklung) aus dem Jahr 2002 dokumentiert, dass 78% aller untersuchten Studien Reaktion als Kriterium nehmen, 32% nehmen Lernen, 9% Verhalten und nur 7% Ergebnisse. Quelle: Mark E. van Buren und William Erskine. State of the Industry, Seite 23. Im Inter-

net zu finden unter
http://williamthecat.com/kim/wbt/SOI_Report_2002.pdf.

[98] Winfred Arthur Jr., Winston Bennett Jr., Pamela S. Edens und Suzanne
T. Bell. Effectiveness of Training in Organizations: A Meta-Analysis of
Design and Evaluation Features. Journal of Applied Psychology, Band 88,
Jahr 2003, Nummer 2, Seiten 234-245, 2003. Im Internet zu finden unter
http://www.ispi.org/archives/resources/effectivenessoftrainingarthur_
etal.pdf.

[99] Auf Seite 235 steht (Hervorhebungen im Original): „Reaction criteria,
which are operationalized by using self-report measures, represent
trainees' affective and attitudinal responses to the training program.
However, there is very little reason to believe that how trainees feel
about or whether they like a training program tells researchers much, if
anything, about (a) how much they learned from the program (*learning
criteria*), (b) changes in their job-related behaviors or performance (*performance criteria*), or (c) the utility of of the program (*results criteria*).
This is supported by lack of relationship between reaction criteria and
the other three criteria". Es folgen diverse Literaturhinweise, die diese
Aussagen belegen.

[100] Weiter schreiben die Autoren auf Seite 235: „Although learning and
behavioral criteria are conceptually linked, researchers have had limited
success in empirically demonstrating this relationship ... This is because
behavioral criteria are susceptible to environmental variables that can
influence the transfer of use of trained skills or capabilities on the job ..."
Noch prägnanter dann auf Seite 238: For all comparisons of learning
with subsequent criteria (i.e., behavioral and results ...), a clear trend
that can be garnered from these results is that, consistent with issues of
transfer, lack of opportunity to perform, and skill loss, there was a decrease in effect sizes from learning to these criteria. For instance, the
average decrease in effect sizes for the learning and the behavioral comparisons was 0.77, a fairly large decrease."

[101] Brian D. Blume, J. Kevin Ford, Timothy T. Baldwin und Jason L. Huang.
Transfer of Training: A Meta-Analytic Review. Journal of Management,
Band 36, Juli 2010, Seiten 1065-1105. Im Internet zu finden unter
http://jom.sagepub.com/content/36/4/1065. Open und Closed Skills
werden auf Seite 1072-1073 diskutiert. Abgesehen davon ist diese Meta-
Analyse für uns nicht weiter relevant, da es in dieser Meta-Analyse eher
um den Einfluss weiterer Größen auf den Trainingserfolg geht, nicht um
die Größe des Trainingserfolgs selbst.

[102] So etwas nennt man eine *Scheinkorrelation*, siehe auch http://de.wikipedia.org/wiki/Scheinkorrelation.

[103] http://www.euskills.co.uk/home/resources/ 594/Skills+Development+and+Performance

[104] Interessanterweise passiert dann aber etwas sehr Merkwürdiges: Schon auf Seite 5 der Studie wird behauptet, dass die Trainingsmaßnahmen sich schon nach weniger als einem Jahr ausgezahlt haben. Seite 17 bekräftigt: „very significant impact". Wie die Autoren aber zu diesen doch recht positiven Schlussfolgerungen kommen, wird im Bericht überhaupt nicht klar herausgearbeitet. Auf Seite 21 oben findet man einen vagen Hinweis: Jeder einzelne Mitarbeiter hat sich persönlich verpflichtet, mindestens tausend britische Pfund Mehrprofit zu erbringen. Das hat laut Bericht auch gut geklappt. Aber natürlich haben die Studienautoren hier eine Situation geschaffen, in der der oben eingeführte Hawthorne-Effekt höchstwahrscheinlich voll zuschlägt. Ganz abgesehen davon, dass den Mitarbeitern offenkundig viel Freiraum gelassen wird, diesen Mehrprofit kreativ zu definieren und sich daher Mehrprofite selbst zuzurechnen, die bei genauerer Analyse vielleicht doch eher auf andere Ursachen zurückzuführen ist. Leider lässt die Studie uns hier völlig im Nebel herumtapern. Aus diesem Grund kann ich diese Studie leider nicht als positives Beispiel für die Wirksamkeit von Soft Skills anführen.

[105] Vergleiche wieder Anja Krüger. Die Angstmacher – Wie uns die Versicherungswirtschaft abzockt. Lübbe Ehrenwirth, 2012

[106] Siehe Abschnitt 1.1.2 von http://de.wikipedia.org/wiki/Finanzkrise_ab_2007

[107] http://de.wikipedia.org/wiki/Hawthorne-Effekt

[108] Garry Platt. The hard facts about soft skills measurement. Im Internet zu finden unter http://www.trainingjournal.com/feature/2008-08-01-the-hard-facts-about-soft-skills-measurement/

[109] Leider nur auf englisch verfügbar: http://en.wikipedia.org/wiki/Training_needs_analysis

[110] Siehe wieder http://www.euskills.co.uk/home/resources/594/ Skills+Development+and+Performance. Das Zitat ist von Seite 42 entnommen und lautet im Original: „Our research ... has confirmed that there is no 'quick fix'; there is no 'simple panacea' to achieve and sustain significant improvements in performance and productivity."

[111] Noch einmal David H. Freedman. Falsch! Warum uns Experten täuschen und wie wir erkennen, wann wir ihnen nicht trauen sollen. Riemann Verlag München, 1. Auflage 2010

[112] Siehe auch
http://www.win.tue.nl/wiskunded/files/public/Scholingsreeks%20200 62007/Materiaal%203e%20bijeenkomst/Rainer%20Kaenders/krdmer-gdm05.pdf

[113] http://www.ratgeber-verbraucherzentrale.de/schwarzbuch-banken-und-finanzvertriebe

[114] http://de.wikipedia.org/wiki/Qualitätszirkel

[115] Judith Mair. Schluss mit Lustig. Eichborn, 2002

[116] Zitiert nach http://de.wikipedia.org/wiki/Hanlon's_Razor, Version vom 22.2.2013

[117] In seinem Buch „BLUFF! Die Fälschung der Welt" (Droemer, 2012) spießt Manfred Lütz auf Seite 65-66 dieses Wettrüsten zwischen Bewerbern und Personalern auf unterhaltsame Weise auf – sinnigerweise unter der Überschrift „Coachen bis der Arzt kommt".

[118] http://de.wikipedia.org/wiki/Soft_Skills, Version vom 22.2.2013

[119] http://de.wikipedia.org/wiki/Max_Planck, Version vom 22.2.2013

www.ingramcontent.com/pod-product-compliance
Lightning Source LLC
Chambersburg PA
CBHW061656250726
48659CB00004B/1514